JN323508

ながお先生と考える
学校安全
36のナラティブ

長尾彰夫 編

教育出版

まえがき

「子どもたちの命を守り，安全で安心できる生活のために学校は何ができるか，何をすべきか」

これは，いま私たちに向けられている最も大きな問いかけのひとつとなっています。この大きな課題となっている学校安全については，すでに多くの解説書，教材集，マニュアル本等も刊行されています。

しかし，その多くは，ともすれば上から目線の押しつけ的なハウツーものとなっていないでしょうか。学校と教師がやってみよう，おもしろそう，なるほどといった興味や元気がわいてくるものとはなっていないようにも感じます。

そこで本書は，

○学校安全とはこういうことだ。一番のポイントはここだ。
○こんなユニークな学校安全の取り組みや実践がある。
○こうすれば，学校安全はさらに新しく，充実していく。
○いまの学校安全には，こんな問題点，限界や落し穴がある。

といったことについて，「私はこう考えている」「私はこんな経験や体験をした」というようなお話し風の「語り（ナラティブ）」として編集しました。

集められた36話のナラティブには順序や体系があるわけではありません。おもしろそうと思われたところから自由に読み始めてみてください。

これらのナラティブが，自分たちも工夫しながら新しい学校安全の取り組みを始めてみようという元気や勇気がわいてくる手がかり，ヒント，アドバイスになればと願っています。

（編者）長尾彰夫

目 次

まえがき

プロローグ ——— 1

ナラティブ❶　史跡の中に学校がある ——— 7

ナラティブ❷　注意一秒，けが一生 ——— 10

ナラティブ❸　スリッパとIDカード ——— 14

ナラティブ❹　危ない！その携帯，危険とつながっていませんか？ ——— 16

ナラティブ❺　「安全な公園」は「危険な公園」？ ——— 18

ナラティブ❻　やっとできた地域と学校との合同防災訓練 ——— 20

ナラティブ❼　「わるい人」とはどんな人？ ——— 25

ナラティブ❽　「子どもの安全安心都市宣言」をつくる ——— 28

ナラティブ❾　私の地域安全マップの作り方・生かし方 ——— 32

ナラティブ❿　やっぱり学校の限界を感じています ——— 36

ナラティブ⓫　歩(あゆむ)くんの話 ——— 40

ナラティブ⓬　学校でのけがや事故にどう対応するか ——— 44

ナラティブ⓭　「いかのおすし」と「おはしも」 ——— 48

ナラティブ⓮　「交通ルール」さえ守っていれば安全なのか ——— 50

ナラティブ⑮	休み時間に地震が起きたらどうしよう	54
ナラティブ⑯	避難訓練やるだけではダメ	58
ナラティブ⑰	いろいろな不審者対応訓練	62
ナラティブ⑱	IT機器の活用には安全が欠かせない	66
ナラティブ⑲	体験，活動を生かした学校の安全計画づくり	70
ナラティブ⑳	火災現場に「戻らない」は「正解」か	74
ナラティブ㉑	ごめんですんだら警察いらんわ	78
ナラティブ㉒	『命のバイスタンダー』の授業から	82
ナラティブ㉓	学校で命を落とさせるわけにはいかない	88
ナラティブ㉔	安全教育は「教科」となるのか	92
ナラティブ㉕	「釜石の奇跡」から学ぶことは	94
ナラティブ㉖	帰ってきたキャロリン	100
ナラティブ㉗	卒業アルバムいりません	102
ナラティブ㉘	武庫川大橋の向こうは世界が違う	104
ナラティブ㉙	『溺れかけた兄妹』を教材として	108
ナラティブ㉚	この町で生き続ける子どもたちとともに	112
ナラティブ㉛	リスク・マネジメントとしての学校安全	118
ナラティブ㉜	安全な学校づくりとしてのISSの可能性	124
ナラティブ㉝	高校における環境防災科の挑戦	130
ナラティブ㉞	防災安全教育のカリキュラムはこうして創る	136
ナラティブ㉟	学校安全，世界での取り組み	142
ナラティブ㊱	学校安全と大阪教育大学附属池田小学校事件	148

エピローグ ——— 153

あとがき

プロローグ

　毎朝，子どもたちは元気に「行ってきます」と声をかけて学校へ出かけます。そして夕方になれば，朝と変わらぬ元気さで「ただいま」と帰ってきます。それは，何の不思議もなく，当たり前のように繰り返されています。しかし，ふと考えてみると，子どもたちが毎日元気に学校へ出かけ何事もなく元気に帰ってくるというのは，じつは大変なことなのです。

　それは，子どもたちの登校の列に車が突っ込んでこなかったからです。学校内に刃物をもった暴漢が侵入してこなかったからです。学校給食の中に危険な病原菌が混入していなかったからです。少なくとも子どもたちが学校にいる間には，大きな地震や台風，津波が襲ってこなかったからです。プールやサッカー，遠足や運動会でけがや事故が起こらなかったからです。学校からの帰り道で，子どもを狙っている危険な不審者に出遭わなかったからなのです。

　数かぎりないといっていいほどのさまざまな危険に出合うことなく，子どもたちの安全が守られていたから，毎日元気に学校へ出かけ，そして帰ってくることができているにすぎないのです。

　それはたまたま偶然のラッキーな一日だったといえるのかもしれません。しかし学校安全をたまたまの幸運にまかせておくことでいいのでしょうか。いま，学校は意図的・計画的に安全を追求し，安全な学校となるためには何が必要か，どうすればいいのかを考えなければならなくなってきています。

■ 3・11 東日本大震災からの学校安全

　学校安全を考えるうえで大きな契機となった出来事は，いまから2年前の2011（平成23）年3月11日に起こったあの東日本大震災でした。東日本大震災では2万人に及ぶ人々の命が奪われ，その中には多くの子どもたち（小学校の児童，中学校の生徒を合わせて600人以上）が含まれていました。多くの学校が震災の被害に遭うなかで，懸命に命を守ろうとした教師や子どもたちがいたのです。

　学校安全を考えるうえでの大きな事件といえば，2001（平成13）年，大阪教育大学附属池田小学校に刃物を持った男が侵入し8人の子どもたちの命が突然に奪われた事件（大教大附属池田小学校事件）があります。また，1995（平成7）年1月17日に起こった阪神・淡路大震災も忘れることができません。しかし，東日本大震災は，あらためて学校安全とは何か，学校安全のために何が必要かを大きく問いかけることになったのは間違いありません。

　文部科学省は，東日本大震災によって「学校での安全に係る取組を推進することの重要性がより一層認識されるようになった」とし，学校安全の推進についての答申をまとめました（2012年3月，中央教育審議会答申「学校安全の推進に関する計画の策定について」）。そして，その中で次のように述べています。

> これまでも大きな事件・事故災害が起きるたびに学校安全の充実が叫ばれ，改善がなされてきました。しかし，学校で起きる事件・事故災害により尊い命を失うことも発生しており，学校安全と危機管理の更なる充実が求められている。

■ いったい「安全」とは何なのでしょう

　この答申では，子どもの育つ環境が安全なものとして整

えられていくため，一人一人が責任を持って必要な取り組みを進めていかなければならない，としているのですが，安全ということについて，次の三つのことが示されています。

一つは，「生活安全」です。これは学校の授業や課外活動の中での事故，学校への不審者侵入や通学路での危害などから子どもの安全を守るということです。

二つは，「交通安全」です。これはいうまでもなく交通事故から子どもの安全を守ることですが，自転車による事故なども含まれています。

三つは，「災害安全」です。これは地震，風水害といった自然災害から子どもの安全を守ることですが，ここでは原子力発電所の事故による原子力災害も大きな課題とされています。

このように安全に関わっては，じつにさまざまな内容（課題）があるとされています。そして，こうしたさまざまの課題について安全を守り，確保していくためには，多くの取り組みが必要とされているのです。それは学校安全ということにとどまらず，私たちの社会全体にとっての安全と安心のあり方の問題となっています。確かに学校安全は，社会全体の安全と安心に深く結びついています。社会全体が安全なものになっていないのに，学校だけが安全を確保するなどできる話ではないのです。

しかしだからといって，学校はその安全について何もできない，何もしないということにはなりません。学校安全はもう一度，学校における安全確保の問題として，そのなすべきことは何かを考えておかなければなりません。

> 安全を守る三つの取り組みとは，
> ・生活安全
> ・交通安全
> ・災害安全
> です。

■学校安全として何が求められているのか

　私たちは，ごく一般的な話題として学校安全は大切な課題で学校安全が確保され推進されなければならないといいます。しかし，学校安全とはそもそも何なのか，それについては意外なことにあまりはっきりはしていないのです。

　前述した中央教育審議会の答申では，学校安全の推進として「学校における安全教育」と「学校における安全管理」の二つに整理しています。

「学校における安全教育」

　これは，学校において安全に関する知識や行動，態度の獲得のために，指導時間を確保し教育方法や指導体系を整理していくことです。そしてこれは「安全教育による安全文化の構築」をめざしているとされています。

「学校における安全管理」

　これは，学校内の安全体制を確立し，地域や家庭と連携しながら，不審者侵入，交通事故，自然災害等による被害軽減の取り組みです。そしてこれは「事件・事故災害による被害減少」をめざしているとされています。

　こうした整理は，学校安全として求められていること，その課題とすることが何かをある程度は明らかにしてくれています。しかしそれはあくまでも，考え方としての整理であり，学校安全の実際や具体的な姿を十分に示しているわけではありません。

■チャレンジとしての学校安全

　「学校における安全教育」によって安全文化が構築されるべきだというのは，よく理解されるところでしょう。しかし，ではそれは学校の具体的な教育活動の中で，実際何がどのような取り組みとしてなされるのでしょうか。

> 学校安全には
> ・学校における安全教育
> ・学校における安全管理
> があります。

事件・事故災害による被害減少をめざして「学校における安全管理」の体制が整備され確立されるべきだということに誰も異存はないはずです。しかし，ではそれは誰によって，どのような体制の整備，確立として実際にはなされようとしているのでしょうか。

　学校安全が，いま，私たちの前に突きつけられている大きな課題であることはいうまでもありません。また，学校安全においてのさまざまな取り組みが，あちこちで始められつつあることも確かなところでしょう。しかしそれらは，いわばチャレンジとしてなされ始めようとしているのです。学校安全は，これまでの学校のあり方，教育の役割，教師の仕事をそのままにしておいて，そこに学校安全という課題をポンとのせていけばいいということではないはずです。

■**学校を変える，教師が変わる**

　学校安全に取り組み，学校安全をより確かなものにしていこうとすることの中で，学校を変えていくことが必要となってきます。教師自身が変わっていくことが求められてきます。だから学校安全はなによりもチャレンジとしてなされるべきことなのです。学校安全へのチャレンジがさまざまになされるようになってきています。

　そのさまざまなチャレンジは，一直線の筋道を示すものとはなっていません。しかし，そのほうがこれから学校安全をより確かで豊かにしていくためには役立つはずなのです。

　いまは，さまざまのチャレンジとしてどのようなことがなされようとしているのか，考えられようとしているのか，そのことにまず目を向け，耳を傾けるときではないでしょ

うか。すでに決められている結論や答えを求めるよりは，さまざまになされている学校安全についての取り組みや試みを手がかりに，お互いが「そうなんだろうか」「そんなこともあるのか」と考え始めていくことが大切にされるべきではないでしょうか。

　これから始まる「学校安全36のナラティブ」は，そうしたことのために集められたものとなっています。

　さあ，それでは「学校安全36のナラティブ」の幕開けです。

ナラティブ 1

史跡の中に学校がある

■**長い歴史と伝統の中で**

　五稜郭といえば函館の五稜郭が有名ですが，じつは日本にはもうひとつの五稜郭があります。規模はずっと小さく小ぢんまりとはしていますが，形は函館のものと同じできれいな星形をした五稜郭が，長野県南佐久郡臼田町（現佐久市田口）に残っています。そして，その佐久の五稜郭の中に，1873（明治6）年創立という長い歴史をもつ田口小学校があります。

> ナレーターは，この田口小学校長を最後に退職しました。

　日本の公教育の始まりを告げた学制発布が1872（明治5）年ですから，田口小学校は長い歴史と伝統を有しているのですが，校長室には"学校の宝"として勝海舟の揮毫による「品性陶冶」という書が額に納まっています。その田口小学校が創立130周年を迎えた2003（平成15）年，私は校長の任にありました。そして，その記念誌に私は次のような一文を寄せました。

　「ここを訪れる多くの人たちが決まって，『どうして城跡「五稜郭」のなかに小学校があるの』という素朴な疑問をもちますが，明治維新の混乱期に，多くの旧城関係の建物が民間に売却されてしまったのに対して，あまりに大きいがために引き取り手がなかったというお台所（城内での食事を準備した台所）が，史跡内にそのまま残されていたことが，結果的には幸いして，ここに田口小学校がそのまま存続されました」

こうしたなかで，田口小学校は，学校の中に史跡があるというよりは，史跡五稜郭の中に学校があるというユニークなものとなっています。それほど多いというわけではないとしても，観光客はいつでも自由に史跡の中を，つまり学校内に出入りすることになります。史跡の入り口には「出会いの館」という簡単な土産物売りと観光案内をかねた建物があり，地域の人がボランティアで世話をしていますが，学校の守衛室といったものではまったくありません。

■フェンスも壁もない地域の学校
　学校のまわりにはフェンスも壁もなく，地域の人はいうに及ばず，見知らぬ観光客までが「校内」（といっても，どこまでが学校の内でどこからが学校の外なのか，はっきりしていないのですが）に自由に出入りできるということは，考えてみれば「学校安全」の視点からはとんでもない学校ということになるのかもしれません。しかし，学校のまわりにフェンスや壁がなく，しかもガードマンもいないことに，それほど不安を感じたこともなかったのです。そこには田口小学校の特別な条件や状況があったからかもしれません。
　昭和の初め，村の人たちが総出で五稜郭のまわりの堀を掘り返し，いまのようなきれいな堀を復元させたそうです。また校庭（運動場）を平らなものに改善しようと，保護者や地域の人たちが背中に砂を背負って運んでくださったとも聞いています。いまでも校庭には保護者や地域の人たちがいつでも掃除や花の手入れに自由に来てくださっていますし，買い物の行き帰りに「近道」として校地内を通っていく人の姿があります。小さな赤ちゃんを乳母車に乗せて桜の下でのんびりと時を過ごす親子連れもしばしば見られ

ます。そんな学校ですから，いくら学校安全のためだとはいえ，学校のまわりにフェンスや壁をという話は，地域の人々はもちろんのこと，1万人近くにものぼる多くの卒業生にどのように受け止められるかは，おおいに難しいことだと私には思えていたのです。

■学校の安全を守るための知恵とは

幸いなことに，私の在任中はもとより，これまでにも田口小学校に不審者が入り込み，子どもや学校に危害を加えたという出来事はありませんでした。だからといって，学校にはフェンスも壁もいらないという気はありません。それぞれの学校には，それぞれの地域の環境や条件の違いがあります。ただ，私が感じ続けたのは，学校のまわりに強固なフェンスや高い壁をつくり，ガードマンを雇ったからといって，それで学校の安全が確保され万全になったといえるのかどうか，それでは学校はますます城塞や要塞のようになってしまうのではないか，といった不安あるいは危惧でした。

私は田口小学校の校長をすでに退いています。そこで私がいま思うのは，この学校にはフェンスもなければ壁もない，これでこの学校の安全は大丈夫なのでしょうか，このような学校で安全を確保するにはどうしていけばいいのでしょうか，それを子どもたちや先生方，保護者とともに話し合い，考える機会をもてばよかったということです。そうすればフェンスや壁，あるいはガードマンに頼るばかりではない，もっといい学校安全の方法や考えがみんなの中から考え出されてきたのかもしれません。それは特別な小学校だからこそ考え出すことができた，誰もが学べる大きな知恵となったかもしれないのです。　　　　　（小林忠三）

> フェンスや壁のない学校というのはオドロキです。それは御伽噺か，それとも理想の学校なのでしょうか。

ナラティブ ❷

注意一秒，けが一生

> ナレーターは，少し慌て者の小学校の先生です。

■**人生初の救急車**

　いま，教室では，私が「注意一秒！」と言うと，子どもたちが合い言葉のように「けが一生！」と言います。

　廊下を走っているのを見つけると私は「注意一秒！」と言い，子どもは「けが一生！」と言いながら走るのをやめます。

　それにはこんなわけがあるのです。

　それは2学期が始まって1週間が過ぎ，まだまだ暑い日の朝でした。私はいつものように自転車で勤務校に通勤中。そこは道幅4〜5mほどの見通しの悪い交差点。ブロック塀の陰から不意に自家用車が出てきたのです。

　「あ，危ない！」と思ったときにはすでに遅し。自転車の私はドラマのスローモーションのように自動車に衝突，転倒していました。出合い頭の衝突事故です。

　私は四つん這いの姿勢のまま救急車の要請を運転手に告げました。次に自転車のかごから飛んだかばんを必死にたぐり寄せ，中から携帯電話を取り出し，学校に電話をしました。

　「すみません。ちょっと，車とぶつかってしまいまして，いまから病院に行くので学校へ行くのが遅れそうです。午後ぐらいになるかもしれません」

息苦しくて，とても話しづらかったのを覚えています。でも昼からは学校に行って授業ができる，それぐらいのけがに考えていたのです。

電話を切ったあと四つん這いの姿勢のまま救急車を待ちました。そして一番に考えたのが家族のことでも，事後の対応のことでもなく「子どもにかっこわるい」ということでした。

ふだん，「気をつけて帰りましょう」とか「車に注意しなさい」と毎日のように言っている担任が事故に遭ったのですから。

それから人生初めての救急車で病院へ。「第11胸椎骨折全治3か月」と診断され，人生初めての入院生活を迎えることになりました。

■病室で考えたこと

入院直後の激しい「痛み」にやがて慣れると，まず感じたのは「ちゃんと治るのだろうか」「仕事に復帰できるのだろうか」といった「不安」でした。

次に「早く復帰しなければ」「宿泊学習や運動会はどうする」といった「焦り」を感じました。「焦ってみてもしかたない」と思いつつ，気持ちの上でじたばたとしていましたが，やがて「焦り」は「あきらめ」に変わっていきました。

そして強く感じたのは「申し訳ない」という気持ちです。自分が突然休んだせいで上司や同僚，そしてなにより子どもたちに多大な迷惑をかけているということに本当に申し訳なく思いました。

事故の恐ろしさや事故の防止方法など，そういったことを知識としてはもち，これまでも子どもたちに教えてきま

した。でも，実際に事故に遭うということは，まずとっても痛いし，精神的ショックや不安も大きいということを痛感しました。そして，これからはこういったことも含めて，血肉の通った安全教育を進めていくのが自分に与えられた使命だと考えたのです。

■復帰後，最初の授業

　現場に復帰して最初に行った授業は，交通安全教育でした。入院中からそう決めていました。子どもたちには自分の事故の状況を説明しておかなければいけないという思いと，二度と自分のような事故に遭ってほしくないという思いからでした。

　授業では私が事故に遭った現場の画像を示して，どんな危険が潜んでいるかを考えたあと，事故の様子を詳しく話しました。子どもがぐいぐい話に引き込まれてくるのがよくわかりました。事故に遭ったばかりの当事者が目の前で話しているのですから当然でしょう。

続いて「1つの重大な事故の裏には29の軽微な事故，その裏には幸い事故にはつながらなかった300のヒヤリ・ハットが潜んでいる」というあの「ハインリッヒの法則」について説明しました。

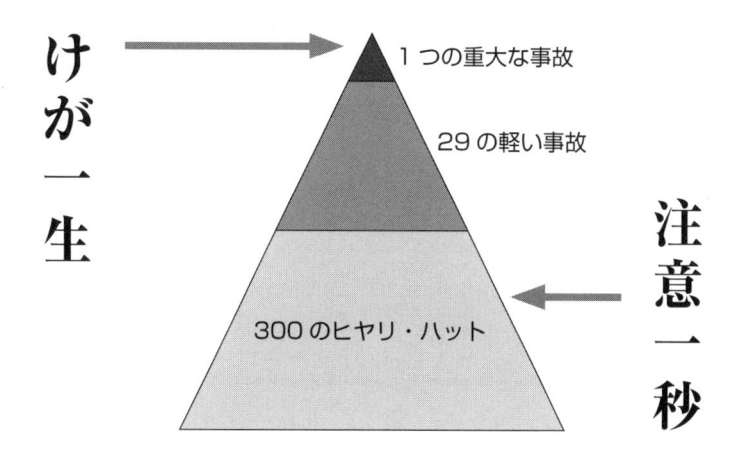

けが一生 → 1つの重大な事故
29の軽い事故
300のヒヤリ・ハット ← 注意一秒

私の場合は29の軽微な事故にあたりますが，300のヒヤリ・ハットは誰もが経験しています。案の定，どの子も自分のヒヤリ・ハット体験を口にしだしました。そこでまずその体験を隣り同士で伝え合い，全体で発表し合いました。

各個人が経験したヒヤリ・ハットの情報を公開し合い，共有することが，重大な事故の発生を未然に防ぐことにつながります。

最後に，ヒヤリ・ハットを防ぐことが「注意一秒」であり，そこをおろそかにすると「けが一生」となることを確認しました。

私は事故をしたおかげで，というのも変なのですが，自分が経験して初めて「注意一秒，けが一生」と子どもの前で自信と信念をもって言えるようになったのではと思っているのです。

（浜條信彦）

> 体験と経験の中から安全教育への自信と信念が生まれてくるのですネ。

ナラティブ 3

スリッパとIDカード

> ナレーターは，附属池田小学校の元安全主任です。

■スリッパで教壇に立つことについて

　私が教育実習を受けたときのことです。当時，私はかなりだらしのない学生で，じつは教職に就く気もあまりありませんでした。卒業するために必要だったので，教育実習を受けざるをえない，というのが本音でした。車で実習校に向かいながら，ふと気になって実習の手引きを見ました。すると，「上履き持参のこと」とあります。持ち合わせていなかった私は，途中のコンビニエンスストアで簡易用のスリッパを購入し，実習校に向かいました。初日のオリエンテーションで，私の席は一番前でした。最初の挨拶で，教務主任の先生が入って来られました。そして私の足元を指さしながら，

　「なんだ！　そのスリッパは！　そんなものを履いていて，いざというときに子どもを守れるのか！　教師というのは，勉強を教えることが一番大切なんじゃない。一番大切なのは，子どもの命を守ることなんだ!!」

　そのときの私は，多くの仲間の前で叱られた恥ずかしさよりも，感動が上回ったのです。教職に対するイメージが一変しました。教師という職業の大切さを感じたのです。

■IDカードを家に忘れて

首からぶら下げるIDカードは，確かになんとなくうっと

うしいものです。できればつけないでおきたいのが本音でしょう。しかし，私が勤務している大阪教育大学附属池田小学校では，IDカードをつけていない者が校内にいたら，即不審者なのです。即刻，さすまたなどで取り押さえたり，警察に通報したりするでしょう。一度だけ，私は自宅にIDカードを忘れたことがありました。そのとき，私がとった行動は……。仮病を使ったのです。「おなかが痛くて出勤できません。治まりしだい出勤します」という，まるでクラブ活動をサボる高校生のような，下手な言い訳で。そして私は，血眼になって百円ショップで，同色のホルダーを探したのです。車の中には前年度のIDカードがありました。それをつけて，「治りました」と言って出勤しました。私は，IDカードを持たずに校内に入る勇気がなかったのです。

　このエピソードは，まったくほめられたものではなく，とても恥ずかしいエピソードです。学級の子どもを，短い時間とはいえ自習などにし，自分の忘れ物のために仮病を使ったのですから。しかし，私はこのエピソードも大切にしていて，安全研修などでは必ず話すようにしています。

（松井典夫）

> 学校安全への自覚が教師をこんなに変えていくのです。

ナラティブ 4
危ない！ その携帯，危険とつながっていませんか？

> ナレーターは，教育委員会事務局のメンバーです。

■夜分おそれいります……

　私が学生の頃，好きな女の子に電話をするときには，さまざまなプレッシャーがありました。誰が電話に出るかわからないからです。怖い父親が出てきて「何時やと思っとるんじゃ！」などと言われたらどうしようとドキドキし，言葉を選んだものでした。

　ところが，ケータイではよっぽどのことがないかぎり，持ち主である相手が出ます。もしかしたら，「夜分おそれいります……」が，死語になる日がくるのかもしれません。

■人間フィルタリング

　私が小学生の頃，家族でテレビを見ているときに，ドラマでキスシーンやベッドシーンが出てくると，しかめっ面の父親は「子どもは下を向いとけ」と言ったり，咳払いをしながらチャンネルを回したりしました。

　このときの父親は，子どもの年齢を考え，情報に対するフィルターの役目をしていたのです。前述の電話の応対などにも「人間フィルタリング」機能が働いていたのだと思います。

■つながり方が問題

　「Facebook」など，ケータイのSNS（ソーシャル・ネッ

トワーキング・サービス）が大流行です。ケータイを介して，子どもたちはどんどんつながります。ケータイは携帯電話ではなく，SNS端末であるという捉え方がもっとも正しいのかもしれません。

■**ケータイにみる安全教育のポイント**

　ところで，ケータイでつながる子どもたちのトラブルは，大きく二種類に分けることができるようです。

　一つは，見ず知らずの他人とつながることで発生するトラブルです。架空請求メールやチェーンメール，個人情報をネット上でさらされるといった被害，出会い系サイトやSNSなどネットでつながった人と実際に会ってしまうことで起こる被害は，「つながる人」を間違ったことでのトラブルといえます。

　もう一つは，よく知っている友人と，ケータイを介したコミュニケーションをとることで発生するトラブルです。メールや掲示板，ブログの日記などの記載内容がもとで起こっています。デジタル文字だけのコミュニケーションでは，思いが正しく伝わらないということではないでしょうか。これらは，「つながり方」を間違ったことでのトラブルといえます。

　危ないケータイ，しかし，私もケータイなしでは生活できなくなってしまっています。便利なケータイですが，そこには大きな罠や落とし穴が潜んでいるともいえるでしょう。

　そういった危なさを感じ，疑いをもつことは，「安全教育」を考えるうえでの大切なポイントの一つになるようにも思い始めています。

　　　　　　　　　　　　　　　　　　　　（若狭孝太郎）

> いまやケータイは生活上欠かせません。だからこそ安全上の注意が欠かせないということですネ。

ナラティブ **5**

「安全な公園」は「危険な公園」?

> ナレーターは，附属池田小学校の元安全主任です。

　私はある日，安全マップの学習で，子どもたちとフィールドワークに出かけました。そこで，ある公園にさしかかったとき，子どもたちが発した「先生，この公園は，出入り口がいくつかあるから安心だね」という言葉にふと疑問をもったのです。

　そこで，「二つの公園」という授業を考えてみました。Aの公園のイラストは出入り口が二つあり，Bの公園は出入り口が一つで，他の条件はすべて同じです。2枚のイラストを子どもに配り，「どちらの公園のほうが安全ですか」と質問しました。すると，次のような結果になりました。

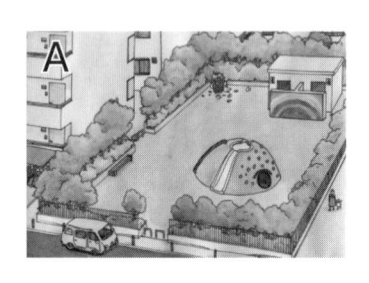

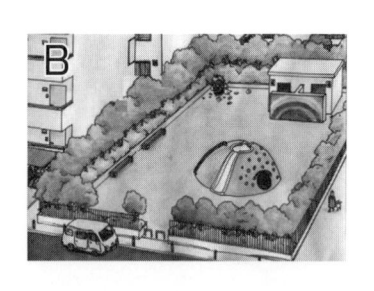

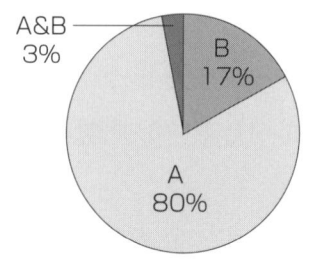

- A&B 3%
- B 17%
- A 80%

　多くの子どもが，出入り口が二つあるAの公園よりも，出入り口が一つしかないBの公園のほうが危険な感じがすると回答しました。理由は，

- ・入りやすくて出にくいから。
- ・出口を防がれたら逃げられない。
- ・逃げる部分が一つしかないから。
- ・出入り口が一つしかなく，そこまで逃げるのに時間がかかるから。

というものでした。そこで、しばらく時間をかけて、もう一つの調査を実施しました。同じイラストを2枚並べて質問しました。

「さぁ、公園で、あまりよくないいたずらをしたいと考えました。どちらの公園でしますか？」

すると、先ほどのグラフとほぼ同じ結果が出たのです。理由は、「出入り口が一つしかないと、不安だ。見つかったとき、逃げることができない」というものがほとんどでした。

子どもたちが直感的に思ったように、犯罪機会論的にいえば、犯罪をしようとする者は、出入り口が二つの公園のほうを選択することになります。それは、「入りやすく、逃げやすい」からです。結果的に子どもたちは、犯罪者が好みそうな公園を選択していたのです。

この授業の結末の方向は、いくつか考えられます。

「みんな間違っている。Bの公園を選択しなければならない」と教える方法もありますが、私は二つの結果を並べ、子どもたちに示しました。子どもたちは驚きました。自分たちが安全だと思っていた公園のほうがいたずら（犯罪）をしようとする者からも選ばれやすい危険な公園でもあったからです。この驚きが大切と考えました。そして、その驚きが、「遊ぶ」という楽しい行為の前に、とっさの判断をすることができる礎になると考えたのです。

（松井典夫）

> 安全と思っていた公園が、じつは危険な公園でもあったというのは、やはり考えさせられます。

ナラティブ 6
やっとできた地域と学校との合同防災訓練

> ナレーターは，いまでも阪神・淡路大震災の資料整理に取り組んでいます。

■阪神・淡路大震災の後で

　地域・家庭・学校の連携なしでは，子どもたちの安全を守ることはできません。私は，防災については「地域と学校の合同防災訓練をしなければいけない」ということがずっと気になっていました。

　阪神・淡路大震災後の4月に最後の勤務校となった西宮市広田小学校に転勤してきました。この学校では兵庫県のほとんどの学校と同じように，防災訓練をほぼ学期に一回行っていました。地域の人たちも年に一回ほど防災器具の点検やけが人の搬送訓練，さらに初期消火訓練などをされていました。しかし，学校と地域とのつながりがありませんでした。災害が起これば被災された大方の人たちは学校に避難してこられます。阪神・淡路大震災で避難所を体験して以降，地域の人たちの転居があり，かなり入れ替わっています。学校も震災体験のない教職員が増えてきています。そんななかで学校と地域の共同体制で，自分たちの手で「合同防災訓練」を始めることとしたのです。

■学校での避難所づくり

　合同防災訓練でもっとも必要なのは，「避難所開設訓練」だと思います。阪神・淡路大震災のときには，急遽，教職員が避難所開設・運営をしました。

先生たちは自分の家が被災しても，学校に泊まり込んで避難者のために動きました。安否確認の電話対応で，「生きている」ということを，家族・親戚・友人・職場の人たちに伝えたときの電話の声はいまでも覚えています。「生きているよ〜。大丈夫よ〜」「怖かったけどねえ」「なんとかやっているよ」など。また「体育館が寒い。先生なんとかして〜」「犬と一緒に避難されているので困ります」など多くの課題もありました。それらに一つ一つ対応していきました。

　しかし，学校は本来，子どもたちの教育の場であり，避難所ではありません。だから，避難所づくりは行政と避難者である地域の人たちがその仕事や訓練を担っていかなければいけないのです。それをやっていなければ，災害・事件等が起きて避難所開設が必要な場合に，学校の教職員まかせとなってしまいそうな気がしています。災害発生時，学校に教職員全員がそろう保障もないのです。

■**合同防災訓練の始まり**

　阪神・淡路大震災以降，次々と震災が起こりました。鳥取県西部地震，新潟中越地震など。外国でも台中大震災，スマトラ沖地震によるインド洋大津波，トルコなどでも。また，近いうちに東海・東南海・南海地震が起こるということもずっといわれています。地震以外の災害も起こりました。阪神・淡路大震災から10年を経過し，幸い私たちのまわりで災害は起こらなかったのですが，そんな時期に，やっと2005年度から地域と学校の合同防災訓練の構想を練り，2006年度にこの訓練をしました。

　この訓練を実施するためには，地域の方々にこの訓練が必要であるということを理解してもらわなければなりませ

ん。より多くの地域の人たちに，避難所開設訓練の必要性を理解してもらわなければできないのです。

　まず，地域の中でもその中心になる人は誰なのか，またはどの組織なのか。つまり，誰が「OK」と言ったらできるのかを考えました。もっとも体力的に活動できるのは子どもたちの保護者でしょう。しかし，この人たちは仕事があり，日頃の会議から参加することは難しいのです。そこでもっとも中心になるのは経験豊かで時間もある地域のお年寄りたちではないかと思ったのです。子どもたちのおじいちゃん・おばあちゃんです。しかも，この人たちが地域の町内会や自治会を運営していることが多いのです。私はこの人たちの集まる自治会長会に出席させていただいて，地域と学校が合同で実施する「避難所開設訓練」を提案しました。最初に説明した時には，「なんで，そんな訓練がいるのや」「地域の人たちは仕事があるのだから参加できない」などといろいろ言われました。

■急がば回れ

　しかし，急がば回れです。まず，日頃から地域のいろいろな集まりの会の情報をつかんでおくことが大事だと思ったのです。当時の私の勤務校には「青少年愛護協議会（通称・青愛協）」がありました。この組織は月に一回集まって，子どもたちの健全育成のために話し合っています。自治会・子ども会・老人会・小学校・中学校・高等学校・幼稚園の代表と各PTA代表，民生・児童委員や保護司などが集まります。とにかく地域の会社・商店等以外のほとんどの組織が参加していました。この協議会は少しずつ動いていきました。

　さらに地域には，これらの会には参加していないが，地

域でのまとめ役をしている人が結構います。市会議員や警察・消防・役所などへのつながりがある人など，じつにさまざまです。2006年度にそれらの中から数人をメンバーとして，広田小校区で「いのちを考える会」を立ち上げました。

　学校と地域の合同防災訓練について考えていく会議名は，「1.17は忘れない地域防災訓練・実行委員会」と仕事の内容がわかる名前にしました。その実行委員会を4回開きました。自治会長9人，小学校PTA役員4人，社会福祉協議会，民生・児童委員，老人会，青愛協などから6人，震災・学校支援チーム（EARTH）から1人，阪神教育事務所防災教育専門推進委員1人，そこに学校長と私の20人を超える実行委員会でした。このメンバーの役割分担をして，訓練の当日に何をするのかを明確にしていったのです。

> 地域の合同防災訓練にはいろいろと苦労があったはずです。それはなかなかできないことかもしれません。

■合同防災訓練とはこんなことです

　訓練当日，受付を担当された民生・児童委員や保護司さんたちは生き生きと活躍されました。仮想避難者が記録用紙に名前を記入します。それを教職員の担当者がパソコンにインプットすれば，町別にも年齢別にも，食事の必要数も検索できるようにパソコン指導員にソフトを作ってもらっていました。

　市の消防局からは，災害の学習会に使用するパネルを借りてきて展示しました。さらに，阪神・淡路大震災のビデオ（MBS製作）も放映しました。

　避難会場の体育館では，震災時に祖父母がこの校区に住んでおられた現役のアナウンサーに来てもらい，当時の様子などを仮想避難者に話していただきました。

■こんな苦労もありました

　ただ，この仮想避難者を集めるのは大変でした。参加していただくための呼びかけが大切でした。子どもたちが，「避難所開設訓練をします。地域の方は学校の体育館に避難する練習をしませんか？」などと書いたポスターを作り，地域のいたるところに貼りました。PTAを通じて保護者の参加も依頼しました。よかったのは，自治会を通じて訓練のお知らせのチラシを全戸配付できたことです。それは単なる学校の訓練ではなく，地域の人が運営していくものなので地域の協力が必要ですと書いたチラシでした。

　当日の参加者は学校教職員19人を含めて362人でした。これだけの人数の参加があったということは，この訓練は成功だったと思っています。そして，地域の人たちがそれぞれ役割分担されたことをほぼ予定通りに進めていたということでした。地域と学校が協力しながら行った「避難所開設訓練」は，地域と学校との重要な合同防災訓練の一つとなりました。こうした訓練が行えるようになるには，ずいぶんと苦労もありました。しかしこの訓練をしっかりと続けていくことが「1.17は忘れない」ということの本当の意味だと思っているのです。

（神田英幸）

ナラティブ 7

「わるい人」とはどんな人？

■わるい人ってどんな人？

　安全指導では「知らない人にはついていかない」とよく言います。そのとき，知らない人はわるい人という前提があります。そこで，こんなアンケートをしてみました。
「わるい人とは，どんな人を想像しますか？」

> 29名…外見
> 黒い服・サングラス・マスク・ぼうし・メガネ・きたないかっこう

> 7名…感じ
> 変な人・悪そうな人・気味がわるい人

> 2名…その他
> 知らない人・あったことがない人

　漫画などで描かれる「わるい人」のイメージが，実際のイメージとかなり重なってしまっています。ここでいう「わるい人」とは，不審者を意味しています。しかし，どの人が不審者なのか，知らない人は，みな不審者と捉えさせるべきなのでしょうか。一方では，「困っている人は助けてあげましょう」という言い方もあるのです。そこで，子どもにこんな場面を投げかけ，どう対応するかを考えさせました。

> ナレーターは，附属池田小学校の元安全主任です。

道を歩いていると，おなかを押さえて苦しそうにかがみこんでいるお姉さんがいました。通りかかったときに，「すぐ近くだから，一緒に荷物を持ってくれないかな」と言われました。どうする？

　ここで議論が始まります。
　「知らない人だから，無視するべきだ」
　「困っているし，本当におなかが痛くて苦しんでいるのかも」
　意見は大きく二つに分かれました。これまでの安全指導のセオリーだと「知らない人にはついていかないようにしましょう」が正解となり，無視して通りすぎることがよいとされてきました。しかし，知らないけれど困っている人がいたらどうするのかをもう一度問いかけました。すると，また違った意見が出されます。
　「大人の人が通りかかるのを一緒に待つ」
　「でも，連れて行かれそうになったらどうするの？」
　「そうなったら，わるい人とわかるから，走って逃げる」
　「私は，見えているぐらい近くにお店があれば，そこまで一緒に行ってあげて，お店の人に事情を話す。お店も何もなければ，ごめんなさいと言って通りすぎる」
　いろいろな考えに感心しました。しかし，どれが正解なのでしょうか。いえ，正解はあるのでしょうか。

■いい人かわるい人かなんて，わからない
　授業の最後に，私と子どもたちとの間でこんなやりとりがありました。
　T：「じゃあ，どんな人なら，すぐにわるい人ってわかるの？」
　C：「う～ん。大きなかばんを持ってうろうろしている人」

T:「じゃあ，先生が出張で大きなかばんを持って，うろうろしていたらわるい人？」
C:「ちがう，ちがう（笑）」
C:「先生のことは，知っているから」
T:「じゃあ，知らない人は，わるい人？」
C:「ちがう。いい人もいっぱいいる」
C:「いい人か，わるい人かなんて，見わけがつかない」

　これが，「いい人？　わるい人？」の授業から考えたことです。こんな人がわるい人だという答えは，どこにもありません。こんな人を見たらすぐに逃げましょうと教えることも，するべきではありません。正解を探すより何が正しいのか，いま，教室で頭を振り絞って考えておくことが大切なのではないでしょうか。その思考と体験の蓄積が，「もっとも適切な行動」を生み出す礎になるはずです。「知らない人にはついていかないようにしましょう」と指導するだけでは，子どもたちの安全を保障することにはなりません。「この行動が安全だ」と教えるだけでは，逆に不安全な結果を招く可能性もあるのです。ただ対処する方法を正解だとして教えるだけでは，安全を生み出す力に結びつきません。このときはこうするといった対処の方法を正解として子どもに教えてしまって大丈夫なのでしょうか。子どもたちの無邪気で素直な反応を見ながら，そんなことをあらためて強く感じたのです。

（松井典夫）

「こうすれば安全」と言いきれないところに安全教育の本当のむずかしさがあるのでしょうネ。

ナラティブ 8
「子どもの安全安心都市宣言」をつくる

> ナレーターは，教育委員会の悩める事務局員の一人です。

■**子どもの安全安心都市宣言とは**

　私は，大阪府北部に位置する市の教育委員会事務局に勤務しています。本市では，2006（平成18）年4月1日に「子どもの安全安心都市宣言」を次のとおり行いました。

子どもの安全安心都市宣言

未来を担う子どもたちは社会の宝
心つないで創ろう『安全・安心のまち』

子どもたちの笑顔によって，まち全体が笑顔につつまれます。
子どもたちの元気なあいさつが，まち全体の活気を生み出します。
希望に満ちた子どもたちの健やかな成長は，市民みんなの願いです。
子どもたちが安全で安心して暮らせるまちづくりを推進するため，「地域の安全をみんなが心つないで守る」「地域の子どもたちをみんなで力あわせて守る」を理念とし，ここに「子どもの安全・安心を守る都市」を宣言します。

■**安全安心都市宣言の背景**

　この宣言が出された背景には，2001（平成13）年6月8日に発生した大教大附属池田小学校の事件がありますが，

それ以外にもこの宣言が出された理由がありました。

　学校では，いじめ・不登校の未然防止と早期発見・対応のために，全小中学校に「いじめ・不登校対策委員会」を設置するなどの取り組みを行い，安心できる居場所としての集団づくりにも努めてきました。しかし，2005（平成17）年のいじめの発生件数は19件，不登校児童生徒数は130人に上り，学校だけでは解決できない課題への焦燥感を感じていました。

■地域を含めたつながりは？

　それまで本市では，子どもの安全を守る対策として次の4点から取り組みを行ってきました。

　まず1点目は，子育て支援と虐待防止，いじめ・不登校問題への取り組み。2点目は，不審者侵入の未然防止を中心にした学校施設等の安全を守る取り組み。3点目は，交通安全に加え，連れ去り防止対策など，通学路の安全を考える取り組み。そして，4点目は，地域の関係諸団体を中心とした地域の安全を守るための取り組みです。

　なかでも，児童虐待防止連絡部会（平成13年4月設置）の取り組みや，市民ボランティアによる小学校受付員の配置（平成16年5月）などは，府内でも先進的な取り組みとして評価を受けてきました。

　一方，地域には子どもの安全に対する思いをもった方が多数おられるのに，取り組みが行政主導となり，協力を「お願い」ばかりしている状況も存在していました。「やらされている感」をもつ人が多数存在していたのではないかと，私は思います。

■「安全安心都市宣言」の本当の意味とは？
　「安全安心都市宣言」は，平成18年3月，議会で可決され，同年4月1日付で宣言したあと，6月には記念シンポジウムを開催しました。シンポジウムには，地域のセーフティパトロール隊をはじめ，PTA，民生委員，青少年指導員，学校関係者など約200人が集まり，記念講演も行われました。
　講演の中で講師は，行政関係者が「ドキッ」とする言葉を述べられました。
　「行政と地域の連携の大切さを行政は訴えるが，小中学校の校区を中心としていわれる地域とは，行政側のいわば勝手な区分けにすぎない」
　さらに，講師は続けました。
　「本来まちづくりは，共通の願いをもって行われるものである。地域というものも共通の願いをもって初めて形成されるものであり，それでこそ協力関係が生まれる。今回の宣言で，子どもの安全安心を共通の願いとすることが確認された。このことによって，この市における地域は，さらに街全体は，一歩前進したことになるのではないか」
　ごく当たり前のことかもしれませんが，子どもについて共通の願いをもたなければ，学校の建物や歴史は地域の宝であっても，いま学校で行われている教育そのものは，どこか浮いてしまうものになってしまいます。あらためて，思いを一つにすることの重要性を感じずにはいられませんでした。

■再び行政として
　大津市での事件をきっかけに，いじめに対しての学校や教育委員会の対応について，さまざまな意見が交わされま

（この講師は誰だと思いますか？　じつは……。）

した。

　本市では、「もし、いじめに苦しむ子どもたちが、自分の思いを出すことができずにいるのなら、少しでも早く誰かに話してほしい。また、地域でいじめを疑うケースを発見したならば、連絡がほしい」という思いから、2012（平成24）年8月、「聞いて！　ほっとライン」の運用を市全体で開始しました。

　それまで教育委員会では、教育センターに「おなやみ相談電話」を設置していましたが、加えて相談メールや相談ポストの設置を行い、さらに夏休みは子どもが地域に帰ることから、市長部局でもいじめについての相談電話、相談メール、相談ポストを開設しました。

■次の一歩は……

　この取り組みについては広く周知され、賛同の声も多くいただきましたが、市全体で願いを一つにするためには、さらにわかりやすいメッセージが必要だとも感じました。

　しかし、それ以上に感じたのは、「願いを一つにしたのはいいけれど、その後の役割分担をどうするのか」ということです。

　何度も願いを一つにした次の具体策が、新しい「宣言」や「相談箱」とならぬよう、「それぞれの大人がいかに役割分担をするのかを具体的に示したい」と、今日も悩んでいるところです。

（前馬晋策）

ナラティブ 9 私の地域安全マップの作り方・生かし方

> ナレーターは，校長として優れた「安全マップ」を作ってきました。

■子どもを守るシステムづくり

　2004（平成16）年に校長になった私は，子どもの安全を脅かす悪質なインターネットへの書き込みをきっかけに，学校・PTA・自治会長で構成する「子どもの安全確保協議会」を組織し，安全に関わる情報交換や子どもを取り巻くさまざまな課題について協議してきました。

　校門にはオートロックやインターホンなどの機器が設置され，職員は来校者対応や避難訓練など実践を積み，全保護者が参加しての下校時の校門見守り活動や，地域の安全見守り隊によるパトロール活動など，子どもの安全確保への積極的な対策を講じてきました。そして，あとには「子どもの危険認知力の育成」という課題が残されました。

　そこで取り組んだのが立正大学の小宮信夫先生の指導による「地域安全マップ」の授業でした。これは，子どもが実際に地域を歩き，自分の目で見て考え，犯罪に遭わないよう自分で身を守る危険認知力を育てるための授業プログラムです。

　授業のあと，作ったマップをもとに地域の大人も加わった地域安全点検へと広げることにより，この活動は「地域安全マップ」から「地域ぐるみの安全マップ」へと発展していきました。

■「地域安全マップ」の学習活動

①学習のポイントは次の2点です。
　①危ない場所は「入りにくくて見えにくい所」「ごみ・雑草・落書きのある所」
　②「人」ではなく「場所」に着目
　　「不審者マップ」や「犯罪発生マップ」ではないこと

②数人の班に分かれてフィールドワークに出発します。
　持ち物は【地図・カメラ・ボード・筆記用具・腕章】。一人一人には【班長・副班長・地図係・写真係・インタビュー係・記録係】という役割をもたせます。

③危険だと思う場所を見つけて写真を撮ったり，出会った人にインタビューをしたりして危険箇所を確かめます。

④フィールドワークで発見したことをマップに書き込みます。

⑤出来上がったマップをもとにアピールタイムで発見や感想を交流します。

⑥作ったマップを各町の公民館に持っていき，地域の人たちと町の危険箇所について一緒に考える活動に発展させました。

　子どもの作ったマップをもとに，地域の安全点検が行われ，「地域安全マップ」が「地域ぐるみの安全マップ」となっていきました。

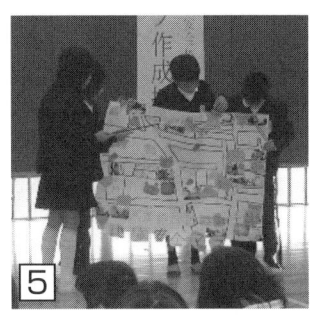

■**こんなことができました**

　授業では「ふりかえりノート」を書き,「学習アンケート」を実施して子どもの意識の変化を追いました。

　その結果,フィールドワークや地図づくりというグループ活動によって,「入りやすくて見えにくい所」や「ごみ・雑草・落書きのある所」を探すという極めて明確な学習手法が,子どもたちの興味・関心・意欲につながったことがわかりました。

　そして,「危険な場所がどんな場所かよくわかった」という危険認知力の育成に成果が見られただけではなく,「ポイ捨てをしないようにしている」「ごみを見つけたら拾うようになった」などマップづくりで学んだことを実生活に取り入れようという実践的態度が育ってきたこともうかがわれました。

　子どもたちがポートフォリオに残した足跡には,「公民館では地域の人と,みんなで今度落書きを消そうか,という話し合いになったことがうれしかった」「空き家が並んでいるところを地域の人と点検に行ったら,鍵がかかっていない家が2軒見つかって,自治会の人は見に来てよかった,と言ってくれました」という感想も見られ,地域の人たちが子どもの声をしっかり受け止めてくれたことで地域への参画意識が芽生えたことも大きな成果でした。

　私は,学校の中だけの安全ではなく,子どもの生活範囲である地域の人との関わりの中にこそ子どもを守る安全への鍵があるように思います。

　そして,地域の力に頼るばかりではなく,子どもや保護者自身が積極的に地域と関わろうとする姿勢をもち続けるために,学校として何ができるか提案していくことが今後の課題だと考えています。

> 「地域安全マップ」を作ることによって,子どもたちは多くのことを発見し,学んでいるのですネ。

■子どもの安全は地域のネットワークの中に

　私は，学校運営の立場から，地域との連携システムをつくろうとするとき，校長には学校と地域とのコーディネーターとしての役割が求められていると考えています。

　子どもをめぐるさまざまな凶悪事件が学校を襲い，子どもの安全を確保することが学校・家庭・地域の最大の課題となったとき，私たちの校区では，「子どもの安全は地域の大人と子どもの心のふれあいを通してこそ守られるもの」と考えました。

　地域の子どもと大人が顔見知りになり，親しくなることで子どもの安全を確保しようという考えを根底に，和光小校区ではさまざまな交流行事を企画してきました。子どもが安心して学校に通える町は，みんなが安心して暮らせる町でもあります。

　学校と地域が確かな理念のもとに連携を深めることで，学校が変わり，子どもが変わり，地域が変わります。学校・家庭・地域三者のネットワークの中で子どもが育つ豊かな町づくりに向け，地域もまた育っていこうとしています。子どもの安全確保はコミュニティーの推進とも深くつながっているのです。

　この後，自分たちの暮らす町をもっとよくするためには自分たちに何ができるかを発信できる子どもを育てるために，自治会の人たちとともに「中学校区子ども議会」をスタートさせました。マップの学習がそうであったように，何事も自分のこととしてとらえることが大事だと考えたからです。「子どもの安全安心」をコンセプトに，子どもも参画して地域ぐるみで町づくりを考えようとするシステムをつくるうえで，「地域安全マップ」の学習は価値ある一石となりました。

　　　　　　　　　　　　　　　　　　（丸山涼子）

ナラティブ ⑩

やっぱり学校の限界を感じています

> ナレーターは、教育委員会の悩める事務局員の一人です。

■学校や地域でのけがの防止

「学校や地域でのけがを防ぐためには、どうすればよいのでしょうか」「犯罪から身を守るためには、どのようなことが大切でしょうか」小学校5,6年生用の保健の教科書では、児童に対してこのような問いかけがなされています。

安全教育の取り組みはどうなっているのかと問われたとき、「教科書に書かれていますから授業でやっています」と、私たちはよく答えます。もちろん、この回答は事実に基づいており、間違いではありません。しかし、「やっています」というところに落とし穴が潜んでいるように思います。

■教科書に書かれているから大丈夫なのか？

さらに教科書を見ていくと、けがを防ぐためには、次のようなことが大切であると述べられています。

①決まりを守ること
②危険に早く気づくこと
③正しい判断をすること
④安全な行動をとること
⑤環境を安全に整えておくこと

児童が、危険に早く気づき、正しい判断ができるようになれば、自らの安全を守れる可能性が高まることはいうま

でもありません。しかし，本当に誰もが学校で，そして授業で，そのための工夫や努力を学べるのでしょうか。

■大阪北部のＡ市での出来事

　最近の「異常気象」ともいえる状況のもとでの「ゲリラ豪雨」や宅地開発の影響からか，河川の急な増水は珍しいことではありません。ふだん，子どもたちが遊ぶ河川が恐ろしい顔を見せ，子どもたちが犠牲になってしまうこともあります。

　先述の教科書では，遠く離れた上流が雷雨と思われるなか，「増水注意」と書かれた立て札の横で，川遊びに夢中になっている子どもたちの絵が示され，隠れた危険を探してみましょうと児童に問いかけています。また，危険な場所の掲示の例として，「天候の変化や河川の増水に注意」という看板を取り上げています。

　しかし，2007（平成19）年8月，大阪北部のＡ市で，次のような出来事がありました。きちんと授業を行い，「増水注意！」という立て札もあったのですが……。

....

　夏休み真っ只中の8月上旬の午後，昼前から降り始めた雨は土砂降りになっていました。大阪北部のＡ市を流れる一級河川は，住民にとっては身近な存在であり，子どもたちの遊び場となっています。河川改修工事が行われる前は，大雨のたびに川から水が溢れていましたが，工事後はかなりの雨量でも溢れることはありません。しかし，あちこちに増水危険の看板は設置されていました。

　重い知的障害のある当時6年生の坂本くん（仮）は，水遊びが大好きで，近所の川へ裸になって飛び込むことがよくありました。いつもは，近所の人が見ていたり，同級生が見ていたりすることが多かったのですが，この日は大雨で，川へ飛び込んだ坂本くんを誰も見ていませんでした。

おそらく初めは足が届いていたのでしょうが，急な増水で届かなくなり，川の中央で何かにつかまり，大声を出して泣いている坂本くんに気づいた人が消防署や学校へ連絡をしてくれました。短時間の間に消防署員も坂本くんの担任の先生も現場へ駆けつけました。しかし，水の勢いに押されて，坂本くんは下流へと流され始めました……。

■ 誰もが正しい判断ができるのか？

坂本くんは，300 m 下流へ流されましたが，勇気をもって川へ飛び込んだ担任の先生のおかげで，幸い無事救助されました。しかし，担任の先生も足が届かず，共に流されかけ，危うく二次被害を招くところでした。消防署員は，担任が坂本くんを抱えながらつかまった川の柵の近辺にネットを張って備えていました。

後日，担任の先生は，人命救助で表彰されました。しかし，坂本くんはその後も寒くなるまでは，しょっちゅう川に入って遊んでいました。もっとも，自分が流された川へ近づくことはありませんでしたが……。

■「限界」は超えられるのか？

担任の先生の勇気ある行動も称えられて当然だと思います。ただし，先生は後日「死ぬかと思った」と語る一方，「結局，どないしたらええんでしょうか？」とも語っていました。

「授業はやりました」「立て札は立てました」「先生も素晴らしい先生です」「障害のある子どもと共に学ぶ集団づくりもうまくいっていました」……。でも，このような出来事が起こったのです。

「私たちはできることをやりました」をいくつ並べても，子どもの命を守れないことがあります。「限界」を超える

学校安全では「こんなこともやりました」といった言い訳やアリバイづくりでは許されないということですネ。

ためには，何ができるのでしょうか。

　私は，「子どもの命を守る」ためには，さらに子どもを守るためのネットワークを広げなければならないと感じています。同時に，学校教育の限界についても，学校の内外できちんと認識・整理する必要があるのではないでしょうか。
　　　　　　　　　　　　　　　　　　（前馬晋策）

ナラティブ 11

歩くんの話

> ナレーターは，歩くんのお母さんで，小学校の支援学級担任をしています。

■ 歩のこと

「あ，あぶない！　けがするやん」と滑り台の上からバランスを崩して倒れてきそうになったただしくん（仮）を支えながら，ふと，（息子の歩もこんなふうに誰かにいつも見守ってもらってきたんだろうな）と思いました。

私は小学校教諭で支援学級担任をしています。そして重度知的障害児（多動傾向あり）の母でもあります。息子の歩は地域の保育所から小学校，中学校，支援学校高等部と過ごしてきました。大きいけがなど一度もなく，無事に成長してきました。支援・介助の方がほとんどいつも横にいてくださいました。日々の授業，休み時間，掃除，給食，プール，遠足，運動会，宿泊行事……などでたくさんの方々にお世話になってきたのです。

中学生のとき，放課後ヘルパーと車で移動中に，歩がいたずらで車のドアを開けるということがありました。すぐにヘルパーが気づき，安全を確認して厳しく指導したそうです。翌朝，歩を登校させたとき，そのことを私が中学校の支援担当教諭に話すと，その後の職員朝会で「歩くんが昨日……，今後車に乗る際には気をつけて」と全職員に報告してくださったと聞きました。学校外の出来事でも安全第一ですぐに周知報告してくださる体制が心強かったです。

支援を必要とする児童の場合,「命・安全を守る」ことを最優先として,介助・見守りが行われてきています。万が一,空白の時間などをつくって,事故でも起こしてしまったら,大問題になります。「避難訓練」の場合,要支援の児童には教職員を配置します。車椅子の児童にも,パニックが予想される児童にも対応できるよう配慮します。しかし,想定外の事態はいきなりやってきます。果たして,急に避難が必要になったとき,歩くことが困難な児童をエレベーターが止まっていたときに,抱えて走ることができるのだろうか,パニックを起こした児童を落ち着かせて誘導できるのだろうか……いや,しなくてはなりません。

■**地域の理解**
　また,支援を必要とする子の場合,担当がそばにつけなくても危機に対応できるよう,より多くのまわりの人・地域の方に理解してもらっているかどうかが課題になると思います。学校も保護者も意識して児童の存在をオープンにすることが地域の絆を少しずつつなげることになります。
　歩は休日,ヘルパーさんにお世話になり,よく外出（散歩）するので,近所の方に顔を覚えてもらっているようです。町内会の運動会やバス旅行にも親子で進んで参加し,同級生や町内の方に「大きくなったね」と声をかけていただいています。もし,歩が一人で家を飛び出したりしたら,知っている人が行動してくださるだろうか,もし避難所に集まることがあったら「ああ,歩くんやね」と言っていただけるだろうかと想像します。
　歩はこの前の春,支援学校高等部を卒業し,近所の作業所に通い始めました。作業所内での空き缶分別・プレスなどの作業のほかに,作業所近くの公園清掃という仕事も行

> 歩くんの初月給でお母さんはラーメンをごちそうになったそうです。

っています。毎週，同じ時間に清掃を続けることで，地域の方々や小学生が顔見知りになり，挨拶を交わしてくださることもあるようです。そんなとき，「地域」で暮らすことの温かさを感じます。

　先日，公園清掃中に歩が封筒に入った現金（約2万円）を拾って指導員さんと交番に届け，後日，落とし主が現れるという一件がありました。貴重な体験を通して，少しでも人の役に立てたことを歩本人も喜んだようです。この一件で交番の巡査さんにも顔を覚えていただき，親としてはますます安心です。

■本人の安全教育

　私の勤務先で数年前に，担当していた小学1年生の支援学級児童の山本さん（仮）が図書の時間中（クラス担任と司書に任せて支援・介助はつけていませんでした）に学校を抜け出し，家へ帰ってしまうということがありました。幸い，山本さんは無事でした。クラス担任はそれ以降，図書の時間中は図書室の扉の鍵を2箇所とも閉めるようになりましたが，それは逆に何かあったときに危険なのでやめてもらいました。山本さんが教室を飛び出すことのないよう，支援の体制を整えました。

　そのときの山本さんの保護者の対応に私は感心しました。学校をいっさい責めずに「こういう場合も想定して，将来の自立のために一人で帰らせる練習を始めます」とおっしゃったのです。少しずつ距離を延ばし，その後，3年生になった山本さんは完全に一人で下校できるようになりました。

　山本さんは現在，元気モリモリ，休み時間は遊具の上に登るのが大好きです。ジャングルジムや滑り台，ログハウ

ス風小屋など，いろいろなルートを開発して上り下りを楽しんでいます。見守るほうがいつもひやひやするのですが，保護者は「あの子にはそろそろクライミングを習わせようかと考えています」と本人の個性を生かした安全を考えておられます。

　私は息子の歩にまわりの方の援助だけを求めてきたのかもしれません。本人に合わせた「安全教育」をもっと考えて育てることも必要だったのかなと今更ながらのように考え始めています。

（植木美佳）

ナラティブ ⑫

学校でのけがや事故にどう対応するか

> ナレーターは，いまは大学の先生をしています。

■「先生，娘が悪かったのですか？」

　採用3年目，私は6年生の学級担任をしていました。その日は，午後から，教育委員会主催の研修会に参加することになっていました。会場は，近隣のA小学校でした。5時間目の授業は教頭先生に，6時間目の「委員会活動」は各委員会の先生方にお願いして，A小学校へ出かけました。

　研修会も半ばを過ぎたころ，自校の教頭先生から緊急の電話が入りました。嫌な予感がしました。「大変だ！　栽培委員会で，里美さん（仮）がけがをした。すぐに〇〇病院に行ってほしい……」と。どうやら作業中，他の子どもの鍬が里美さんの手に当たり，けがをしたようでした。

　病院に急ぎました。到着すると，診察室前のソファーに里美さんとお母さん，そして一緒に付き添ってきた保健室の先生が座っていました。駆けつけた私を見て，里美さんもお母さんも笑顔で迎えてくれました。処置は，もう終わっていました。里美さんの右手には，痛々しく何重にも包帯が巻かれていました。病院にたどり着くまで，いろいろとけがの程度を心配していましたが，正直，意外と元気そうな里美さんを見て，私はホッとしていました。しかし，私の次の言葉が軽率でした……。「里美ちゃん，大事なくよかったね。これから，作業のときは気をつけるんだよ」

　途端に，お母さんの顔から笑みが消えました。「先生，

どういうことですか！　娘が悪かったのですか……？　それに大事なくよかったとは……。けがして，手を縫ったのですよ。どんなに心配したか……，親の気持ちがおわかりですか……」

■責任意識のズレ

　学校では毎日のように，けがをした子どもが保健室にやってきます。そのつど，放課後，担任の先生が家庭と連絡を取り合っています。しかし，ときには，学校としての責任意識と保護者側の意識にズレが生じたり，けがや事故の説明不足や誤解・不信感などから，保護者側が「不誠実」と感じたりすることもあります。里美さんのお母さんも，きっと病院でそう思われたのでしょう。

　学校でけがや事故が起きたとき，これまで学校は，それを偶発的なもの，不可抗力的なものとして捉えることはなかったでしょうか。加えて，その原因は子どもの不注意や油断にあった，という見方をしてしまうことはなかったでしょうか。いまも，学校にこのような捉え方，見方があるとしたら，保護者側が「不誠実」と感じるだけでなく，それがけがや事故の原因究明を阻み，同じような状況で，繰り返し起きる傾向を生んでいる一因のように思われます。

　　　　　　　　　　　　　　　　子どもの安全を考えるとき，ここは大切なポイントの一つになるのですよね。

■管理と指導の連動

　学校でのけがや事故を防ぐには，どのような取り組みが必要なのでしょうか。

　まず，原因となる「学校環境」と「学校生活」の両面から安全点検を充実（方法や対象，項目等の見直しと改善）して，危険を早期に発見し，それらを速やかに除去するなどの取り組みが必要です。要は，「事前の危機管理」です。

また，こうした安全管理の取り組みは，安全指導の充実と補完関係にあります。それぞれを密接に連動させて進める取り組みが必要です。連動させて進める取り組みとして，例えば，「学校環境」面の安全点検（管理）を行う場合，子どもが簡単な安全点検に関わり，自ら危険な状況を見つけたり知らせたりする活動（指導）と連動させることが考えられます。身近な生活を通して，子どもの安全能力の向上や安全意識の高揚が期待できます。

　いまひとつ，「学校生活」面の取り組みとして，例えば，学校生活上の必要な規則やきまり（管理）を決める場合，児童会・生徒会活動の一環として，その作成に子どもが参画する活動（指導）と連動させることも考えられます。子どもは，ときに，規則やきまりを学校側からの一方的な指示や命令と受け止めます。しかし，自らが参画することによって，安全に対する自覚が高まり，よりスムーズに受け入れることが期待できます。

■体育的部活動の危機管理
　特に，体育的部活動（以下，「部活動」）におけるけがや事故の発生率は高く，学校での半数近い割合になっています。部活動においても，学校は子どものけがや事故を偶発的なもの，不可抗力的なものとする捉え方や，子どもの不注意や油断に原因があったという見方をせず，安全管理と連動させながら，それぞれの部活動を注意深く安全に指導していくことが望まれます。例えば，画一的な指導や過重な指導は避け，日々，個々の子どもの健康状態や体力等の差異に考慮した指導を行ったり，運動場や体育館等の活動場所の整備，自然条件のチェック（熱中症対策）など，環境上のリスクにも十分配慮した指導を行ったりすることなどが

考えられます。安全管理と連動させ，安全な指導を継続することが基盤となり，子どもは自発的・自治的に部活動を進める過程で，自ら安全に対する能力や態度を身につけていくと考えます。

なお，部活動は，課外活動として，主に授業終了後や休日に行われます。学校は，万が一のけがや事故を想定して，適切な応急手当や安全措置などがとれる「発生時の危機管理」体制（例えば，「危険等発生時対処要項（危機管理マニュアル）」の作成，保護者や地域への周知と連携要請など）を確立しておくことが必要です。また，再発防止を図る「事後の危機管理」として，危機管理マニュアルの見直し・改善と必要な訓練などを行うことも大切です。

学校でのけがや事故，つまり学校管理下のけがや事故は，年間およそ120万件も発生しています。また，最近数年，その発生の傾向には大きな変化がありません。同じような状況で繰り返し起きています。

こうした原因の究明と対応が急がれます。けがをした経緯や状況などが曖昧なうちに，里美さんに「作業のときは気をつけるんだよ」と言った私自身，大いに反省するところです。

（砂田信夫）

ナラティブ 13
「いかのおすし」と「おはしも」

> ナレーターは，附属池田小学校の元安全主任です。

■「いかのおすし」

夏休みに入る前に，「なつやすみのくらし」等のタイトルでプリントを配付する学校は多いのではないでしょうか。その紙面でよく使用されるのが，「いかのおすし」という言葉です。その言葉の意味は以下のようなところです。

> いか………知らない人にはついていかない
> の…………他人の車には乗らない
> お…………大声を出す
> す…………すぐ逃げる
> し…………何かあったらすぐ知らせる

警視庁のホームページには，「犯罪にあわないための約束事として，いかのおすしと覚えさせましょう」とあります。どれも大切なことですが，どれも子どもたちは，当たり前に「知っていること」です。「いかのおすしを指導したから安全だ」「いかのおすしを思い出せば安全だ」「いざというときには，いかのおすしが役に立つ」。果たしてそうでしょうか。大切なのは，「ついていかない」という指導ではなく，「知らない人ってどんな人」かを学習し，思考し，判断材料を蓄積することではないでしょうか。

■「おはしも」

　これも，多くの人が聞き，指導してきた言葉ではないでしょうか。避難訓練や災害時のセオリーとして，疑うこともなかった言葉です。

> お………押さない
> は………走らない
> し………しゃべらない
> も………もどらない

　しかし，例えば避難時，「走らない」ことをかたくなに守ろうとした結果，命を落としてしまう可能性はないでしょうか。東日本大震災における「釜石の奇跡」と称される小中学生は，走りに走って避難したのです。立っていられないほどの揺れのなかを走って運動場に集まってきたのです。「走れー！」という先生の声のもと，みんな走って避難所に向かったのです。

　「しゃべらない」ことは，守る必要のあることでしょうか。指導すべき，覚えておかせるべきことでしょうか。これは「先生の指示を聞く」ことを本意としています。子どもたちに「しゃべらない」と教えるのではなく，先生の指示を聞こうとする日常が大切です。そして，先生の指示を聞き，友だち同士，大声で伝え合う必要も生じる可能性があります。

　安全教育は，「いかのおすし」と「おはしも」と教えておけばいいといった単純なことではないのです。

（松井典夫）

> 安全教育では「こうしておけばいい」といったワンパターンは禁物なのですネ。

ナラティブ 14
「交通ルール」さえ守っていれば安全なのか

> ナレーターは，教育委員会の悩める事務局員の一人です。

■交通安全教室

　大阪北部のA市では，道路交通課と教育委員会事務局が連携し，警察署の指導のもと，全小学校で3年生の児童を対象に，交通安全教室を開催しています。

　内容は「交通ルールを守りましょう！」という警察からの講話と，自転車の点検方法や安全な乗り方の実技指導が主なものです。

　児童はみな，交通安全教室の開催を楽しみにしており，実技講習の際は真剣そのものです。実際には後ろから車が来ることはありませんが，後方確認もしっかり行い，全児童が「優良運転手」です。講習終了後には，自動車の運転免許証にそっくりな顔写真入りの受講証明証が一人ずつに発行され，「自転車運転免許証をもらった！」と喜び，給食の時間もじっと眺めている児童がいます。

　A市では，特に「小学校中学年の自転車運転のマナーが良い！」と言われるのは，この教室開催の効果が現れていると考えます。

■自転車運転のマナー

　一方でA市では，中学生や高校生の自転車運転のマナーの悪さが指摘されています。二人乗りや並行運転，スピードの出しすぎや携帯電話を操作しながらの運転などが問題

視され，私も勤務に向かう途中，何度も高校生が運転する自転車とぶつかりそうになりながら歩いています。「優良な運転手」がなぜそうなってしまうのでしょうか。

■**警察おらんやろ！**

少し前，市内で見た光景です。信号機付きの横断歩道で，前方の信号が赤，小学校中学年ぐらいの子どもとその母親と思われる二人が，それぞれが自転車に乗って，そこにやって来ました。見ていると子どもだけが赤信号で止まりました。

子どもがついて来ないのに気づいた母親は，横断歩道の向こう側からこう言いました。

「早よ来んかいな！　車来てへんやろ！」

子どもは困った顔で，

「青になるまで待っときやって，警察の人が言うてはった」

と，答えました。

母親はいらついた表情を浮かべ，

「今，警察おらんやろ！　置いて行くで！」

と，大きな声で言いました。その声を合図とするかのように，子どもは赤信号を渡って行きました……。「優良な運転手」が一人減ってしまった（？）瞬間でした。

■**ルールは大切だけれど……**

A市では，2012（平成24）年4月より，自転車利用のルールを示し，市内に「思いやりのある自転車運転」を広めることに主眼を置いて，自転車安全利用倫理条例を施行しました。

私が見た前述の光景とも重なりますが，交通安全の推進

> 大阪には，こんな迫力満点のママチャリおかあちゃんが結構いはるんですワ。

とモラルの問題は切り離せません。子どもたちに「良き手本」として，大人の背中を見せることは，大変重要です。

しかし，「あの母親はあかん！」と，なぜか言いきれないのも私の偽らざる気持ちです。ルールは確かに大切ですが，あの母親は，必ずしも「悪い手本」ばかりではないような，ちょっと気になるところがあるようにも思うのです。

■ **生きる力**

学習指導要領では，子どもたちに生きる力を育むことをめざしています。そこには，知識及び技能を活用して課題を解決するために必要な思考力・判断力・表現力などを育まねばならないという趣旨の内容が記されています。背景には，「自分で考えたり，決めたり，何でそうやねんと説明できない」子どもたちの状況があるからだと捉えています。

私が，通勤途中に高校生の自転車の運転などが気になったのは，車の往来が激しい道路や人の通行が多い歩道でのことです。彼らは，「人に迷惑かけている」「こんなんしてたら死ぬんちゃうやろか」「あの人，何で怒ってるんやろか」「止めといたほうがええんちゃうやろか」「やめようやと言おうかなあ」などという，その場その場で必要とされる判断力や想像力が十分に身についていないのではないでしょうか？　そこが，彼らの一番の問題ではないかと思います。

■ **「もっと優良な運転手」を育てるために……**

「警察おらんから早よ来い！」はもちろん許されません。しかし，信号は赤だけれども「車が来てない」から来いと言った母親は，ある種の判断をしています。また，安全だから渡るという決断をしています。この母親は，大きな幹

線道路では，おそらく赤信号を無視することはないでしょう。なぜなら，車のスピードが違うからです。

　繰り返し言いますが，ルールは守らなければなりません。しかし，ルールさえ守っていれば安全かといえば，そうではないところも確かにあるのです。いま，基礎的・基本的な知識であるルールを活用する力が育っていないために，多くの問題が起こっています。ルールを踏まえて，いまの状況から自分で考えて，自分で決めるというある種のバイタリティともいえるような力があの母親にはあったのかもしれません。

　そして，その力をわが子にも育てようとしているのなら，学校や役所にはできない教育を実践しているといえるのではないでしょうか？　だとすれば，なにやらあの母親のたくましさのようなものも感じられたりしてくるのです。もっとも，「警察おらんやろ！」という表現に関してはレッドカードに違いありませんが……。

　歩道で私がこんなことを考えていると，「ちょっと，そこどいてんか！　じゃまやで！」というあの母親の声が聞こえてきそうです。

（前馬晋策）

ナラティブ 15
休み時間に地震が起きたらどうしよう

> ナレーターは，附属池田小学校の元安全主任です。

　多くの避難訓練は，なぜ「2時間目の授業中」という想定なのでしょう。休み時間には，地震はこないのでしょうか。そんなはずはありません。実施時期にしても同様で，1月に避難訓練をしていると，「今年は7月にやってみよう」とはなかなかなりません。極端な話ですが，子どもが「地震は冬の授業中に起こる」と思い込んでしまうかもしれません。そこでここでは，休み時間に地震が起こることを想定した学習と，実際の休み時間の避難訓練の取り組みを紹介します。

■事前学習

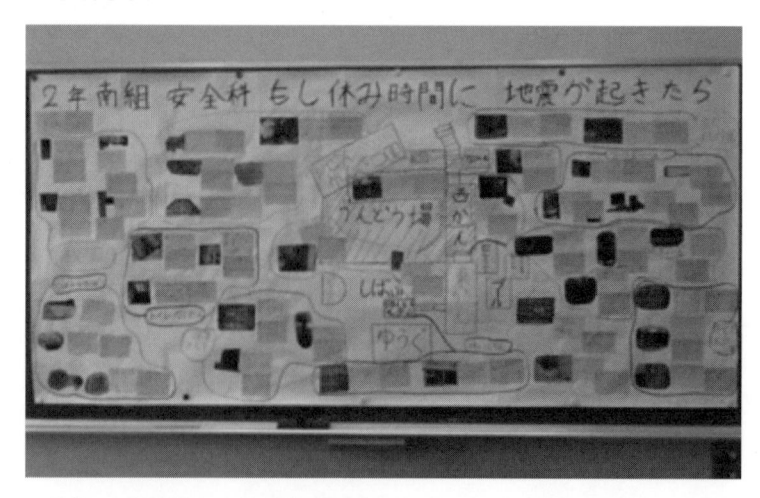

「休み時間によく遊ぶ場所は？」という問いに対して「運動場，観察園，図書コーナー，芝生広場，教室……」子ど

もたちは，さまざまな場所を楽しそうに，自分が遊んでいる姿を思い起こしながらあげてくれます。当然，一緒に遊ぶ友だちがいるので，自然にグループ分けが行えます。しかし，極端に人数の多い場所，一人でいる子にはうまく配慮して，バランスを考えてグループに分けます。そして，問いかけます。

　「もし，その場所で遊んでいるときに，地震が起こったら？」

　避難訓練では，机の下に身を隠します。しかし大切なのは，机を探すことではなく，身を守る場所を探すことなのです。机の下に身を隠しましょうという，一方的で単線的な安全指導では，逆に危険を呼ぶ可能性もあるのです。実際に，机がなく，ピアノの下に身を隠し，下敷きになった例もあるくらいです。

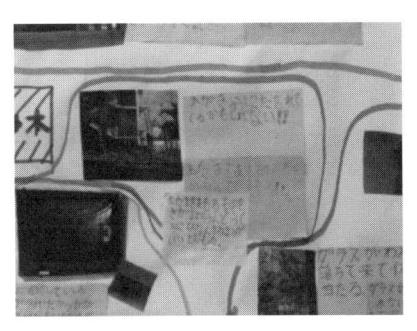

　まず，起こりうる地震の被害（赤のペーパー）と身を隠す場所（青のペーパー）を，実際にその場所に行って考えさせます。教室に帰ってきてからグループで議論させ，「もっとも適切」だと考えられる行動を一つに決め，発表します。授業者として留意しなければならないのは，この時点では，子どもの考えをすべて受け入れることです。間違っても，「そこに隠れると危ないよ。こっちのほうがいいよ」という指導をしないことです。実際に身を守る行動をするのは子ども自身なのであり，極端にいえば，「正解はない」のです。

■実際の避難訓練で

　そしてある日の休み時間に、全校で休み時間を想定した避難訓練を行いました。私のクラスの子どもたちには、グループでその場所で遊び、想定した場所に身を隠すよう指示しました。想定を検証するためです。私はそのとき、たまたまですが、3人の男子のグループが見える場所にいました。その子どもたちは、体育館と校舎の間の、狭いスペースの広場にいました。3人の子どもは想定で、「体育館の2階の窓が割れて落ちてくる可能性があるので、校舎の下に身を隠す」ということを考えていました。少し緊張した面持ちに見えます。避難訓練といえども、いつものように目の前に先生がいて、いつもどおりに机の下に隠れる避難訓練ではなく、実際に自分で考え、判断し、行動しなければならないのです。

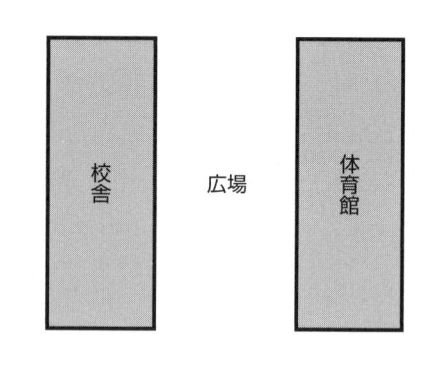

　放送で、緊急地震速報が流れました。「地震発生前、8, 7, 6……」。決めていた方向に走る子、その場で頭を抱え込む子。そして私は、さっきの3人の男子を見ました。3人は広場の真ん中で一瞬立ちつくした後、走って校舎に向かいました。そのときです。たけしくん（仮）が、突然2人の友だちの肩をつかみ、何かを叫んだのです。そして、3人は広場に走って戻り、広場の真ん中で頭を抱えてうずくまったのです。この3人は、校舎に走り、身を隠すはずでした。私は心底驚きました。授業では、自分たちが考えて結論を出した「想定」を検証するように言っていました。しかしその3人の児童は、とっさに行動を変えたのです。

教室に戻り，それぞれのグループで，実際に感じたことを黄色の紙に書かせました。突然行動を変えた3人のグループの紙には，こう書かれていました。
「ぼくたちは，体育館の窓が割れて落ちてくるかもしれないから，校舎の下に隠れるつもりでいたけど，たけしくんが急に，校舎の下敷きになると言ったので，広場の真ん中で頭を守ることにしました」
　それが正解かどうかはわかりません。しかし，この子どもたちは，「そのとき，もっとも適切」だと思える判断をしたのです。子どもたちの，授業の中での想定に頼らない動きを見ながら，身を守るうえで大切なことの意味を，あらためて考えさせられたのです。
　　　　　　　　　　　　　　　　　　　（松井典夫）

> 安全教育のポイントはあらゆることを想定した上で，想定にとらわれないということ。
> それはやはりむずかしいことですネ。

ナラティブ 16 避難訓練やるだけではダメ

> ナレーターは，教育委員会の悩める事務局員の一人です。

■学校で想定していることは

避難訓練とは，「個人または集団で行われる災害，犯罪，戦争時における攻撃を想定した訓練のこと」（ウィキペディア）とされています。学校では，何を「想定」して訓練が行われているのでしょうか。私が勤務するＡ市の小学校での避難訓練の内容は，おおむね次のとおりです。

---

1 不審者侵入を想定
　　6月に実施。刃物を持った不審者が校内に侵入したと想定。教室で待機し，不審者を拘束できたとの放送で運動場に集合。校長の講話。
2 火災発生を想定
　　校内で火災が発生したと想定。火災発生場所を踏まえ，煙を避けながら運動場へ移動。校長の講話，消火器を用いた訓練など。
3 風水害を想定
　　9月に実施。台風接近による暴風警報発令を想定。地区別に集合しての下校訓練。
4 地震発生を想定
　　1月に実施。地震発生時に机の下に避難。頭部への落下物などに注意しながら，運動場に移動。

1は2001（平成13）年6月8日の大教大附属池田小事件を，4は1995（平成7）年1月17日の阪神・淡路大震災を受けて行われるようになったといえるものです。では，3・11

以降，避難訓練は変わったのでしょうか。

大きく変わったのは，訓練に際しての児童の態度です。児童は，担任の話をしっかり聞き，指示に迅速に従います。しかし，その他はいまのところ大きく変わったようには思えません。

■相変わらずの避難訓練

例えば，相変わらず「担任も含めたみんな」が教室にいるときに起こる「災害」。帰宅後に児童が自ら判断して避難した釜石小学校の例，部活動を始めていた生徒たちが率先して避難を始めた釜石東中学校の例を思い出すまでもなく，命は24時間自ら守らなくてはならないものです。

それからどうしても気になることは，児童の命を脅かすような危険が学校に発生しているとき，学校外はどうなのかということです。自然災害は学校だけを襲うものではありません。災害発生時には，学校へ多くの地域住民が避難してくるでしょう。果たして，整然と運動場で点呼ができるでしょうか。

また，学校で火災が発生した際，近隣住民はじっと見ているのでしょうか。ニュースを見ていると，学校が火事だというとき，野次馬も含めて，多くの人々が学校へ駆けつけています。

また，学校へ不審者が侵入したとき，外部へSOSを発信しなければ，一人の侵入者が学校内で多くの子どもの命を脅かしていても，外部からは日常の様子となんら変わるところがないように見えるのではないでしょうか。

■不審者侵入に備えた避難訓練で……

私は，A市のある小学校を，不審者侵入を想定した避

難訓練を行う日に訪問してみました。Ａ市では，全小学校の正門に受付員を配置し，入校者をチェックしています。しかし，この日，受付員は正門にはおらず，私は運動場まですっと入ることができました。「不審者」が簡単に侵入してしまったのです。

　運動場の桜の木の下に，受付員は立っていました。

私：おはようございます。
受：今日は，不審者侵入を想定した避難訓練です。
私：私，勝手に入ってきましたよ。不審者ですね？
受：ここから正門，見えていますから，大丈夫です。
私：校長，教頭は何してはりますか？
受：校長はもうすぐ放送で不審者が侵入したことを伝えます。教頭はプールのところにいます。不審者をプールのところで取り押さえたという設定です。
私：受付員はここで見てはってもいいんですか？
受：……。

■**課題を生み出した原因は？**

　私は，この受付員を責めるつもりは全くありません。日頃から，子どもたちのことをしっかり見守ってくれています。

　問題なのは，この訓練のあり方です。本来，不審者侵入時には，受付員は赤色回転灯のスイッチを押すことになっているのですが……。また，訓練開始時間に運動場や体育館で授業をしていたクラスもありませんでした。まさに，「訓練のための訓練」になってしまっていたのです。

　さらに，校長は講話で，早く集合できたことだけをほめていました。私は「なんやこれ？」と思いましたが，こんなふうにさせているのは，教育行政の責任も大きいと感じ

（吹き出し）どうしたら「訓練のための訓練」から前に踏み出せるのでしょうか？

ずにはいられませんでした。なぜなら，とにかく「あれもしろ！　これもしろ！」と追いたて，やったことには報告書の提出を求め，学校は青息吐息になってしまっているのです。だから，学校が行う訓練は，「時間をかけず」「省けるものは省き」の形式的なものになっているのかもしれません。

■まだまだ多くの課題があります

　3・11以降，訓練においてリアリティを追求することが求められています。「この訓練はほんまに役立つのか」ということです。地域の人々も学校へ避難してくるという地域と合同の避難訓練や，給食の時間や参観日を想定しての避難訓練を行えないものかと，現在私は考えています。

　私がいま提案したいことが，「また仕事を増やしやがって！」とはならず，3・11を踏まえ，学校が防災の基盤となるためのものとなるには，まだまだ時間がかかりそうです。そのためには，「やったのかやってないのかばかり問う体質」を大きく変える必要があると，私は思います。変わらなければならないのは，けっして学校だけではないのです。

（前馬晋策）

ナラティブ 17
いろいろな不審者対応訓練

> ナレーターは，附属池田小学校の元安全主任です。

■大阪府内のＢ中学校で

　私はこれまで，縁あって，いろいろな学校で不審者対応訓練の講師を務めさせていただく機会がありました。その一つなのですが，Ｂ中学校での研修会は，これまで行ったなかでもっとも驚かされたものでした。学校という専門的な職業集団が，これでいいのかと考えさせられたのです。まず開始時間が遅れていました。講師である私が前に立っているにもかかわらず，まだ全員が集まっておらず，あげくの果てに私の目の前で，年配の教諭がチョコレートをほおばっていました。案の定，訓練はお粗末を通りこして，ダラダラとした怠惰なものでした。訓練後の講評で，私はいつも以上に激しい口調になってしまいました。

　「この学校は，子どもたちの命を守る意欲と能力を著しく欠いている」と。すると，一人の30代の教師が，いきなり棒で机を叩きながら，訓練がつまらない，役に立たないとばかりに私に悪態をついたのです。帰り，そのことについて，管理職からの謝罪はありませんでしたが，最後に一人の女性教諭に「今日のお話を聞いて，いままでの自分が恥ずかしくなった」と言っていただけたのが，せめてもの救いでした。

■名古屋市内のC小学校で

　C小学校は，毎年夏に，定期的に安全研修会を開く熱心な学校です。しかし，一度残念なことがありました。夏のある日の午後に研修会が行われたのですが，その日は夏休みで，学校を児童の遊び場として開放していました。その最中に訓練を行ったのです。不審者役の先生のまわりに子どもたちが寄ってきて，「先生，いまから何するの？」「訓練だよ。先生が不審者役。ほーら」と，作り物の刃物を子どもたちに見せました。訓練は開始されましたが，あまりにも危険なので，私は訓練を途中で打ち切ってもらい，講評の時間を長くしてもらいました。

　子どもたちに，「不審者」の存在をなぜ平気で，冗談のように言えるのでしょう。私は疑問に思いました。子どもたちは，守られるべき立場であり，教師は子どもたちを守る立場です。守られるべき子どもたちに刃物を見せる。私は，子どもたちの中で，「じゃあ，この学校に刃物を持った悪い人が現れるかもしれないんだ」という思考に結びつきはしないかと，不安になったのです。

> 訓練のための訓練，訓練のマンネリ化を避けるにはどうすればいいのでしょうか？

■大阪府内のD小学校で

　D小学校には，講師で行きはじめて4年になりましたが，明らかに教職員・管理職の意識，訓練における技能が変化してきました。初めて行ったとき，校長先生がIDカードホルダーをつけていないことを指摘すると，「いまは夏休みですから」とおっしゃいました。夏休みは，確かに子どもは校内にはいません。しかし，夏休みはIDカードホルダーをつけず，ふだんはつけるというのは詭弁にすぎません。こうした小さな「緩み」が安全意識の低下に結びつくのです。

初めのころは，怠惰な雰囲気，訓練なんて……という目に見えないやる気のない空気を感じていました。しかし，現在では，訓練のときの目つきが違っていることをはっきりと感じます。学校安全に熱心な，この小学校の安全担当の教員も，「全員がIDホルダーをつけるようになったし，研修会を毎年続けている手ごたえを感じる」と言います。一人の教師の安全への自覚と熱意が，教職員全体の意識と行動のまとまりを生むこともできるのだと，学ばされた思いがします。

■大阪府内のE中学校で

　研修会の講師で行くと，校長室に通され，校長先生や安全担当の教師と言葉を交わすだけで，学校の実態がおおかたわかるようになってきました。E中学校では，校長先生の訓練や学校安全に対する姿勢，安全担当者の熱意や研修会のプログラムを聞かされたとき，すでに「素晴らしい学校だな」と感じました。校長先生は，「教職員の訓練を続けているが，少しずつ意識が低下している。もう一度，気持ちを新たに学校安全の取り組みをしていきたい」とおっしゃいました。安全担当者の男性教諭は，綿密なプログラムを立て，そこには，「むやみに不審者と対峙せず，時間をかせぐこと」と明記されていました。これは，本当に難しいことで，私が勤めている大阪教育大学附属池田小学校の年間5回の訓練でもいつも課題になり，目標としていることです。

　結果的にいうと，その訓練は，新しく学ばされるものがある素晴らしいものでした。校内研修でよくあるのが，照れやなれあいが先行してしまい，結果的に意味の薄い訓練になってしまうことです。また，安全担当者が訓練の趣旨

を話しているとき，職員全体の雰囲気が一様に怠惰に感じられるときがあります。「せっかく夏休みなのに」「試験の採点をしたいのに」といったように。

しかし，この中学校では，安全担当者の話に対して積極的に質問し，自分の考えを述べる光景がありました。そこからは，学校の安全を守るという強い思いが伝わってきたのです。実際の訓練では，見事に「時間かせぎ」を成功させました。防火扉を有効に活用し，不審者を閉じ込め，どこを動いているか，大きな声で互いに情報交換を行っていました。

不審者対応訓練というものは，どこまでやればよいのか，どのような方法ですればよいのか，特に安全担当者は多くの問題にぶつかります。この学校は，訓練のつどの反省を蓄積し，全員で共通理解を深め，そしてなによりも「訓練ありき」ではなく，「子どもたちの命を守る」というもっとも大切な前提を意識して訓練に臨んでいたのです。

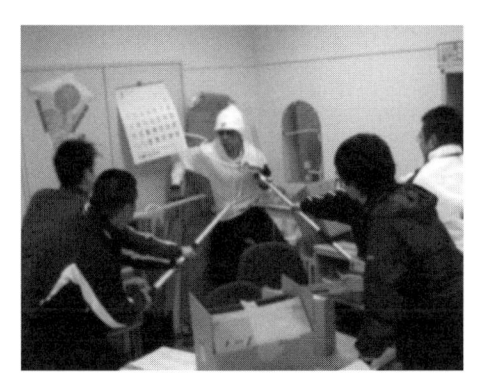

（松井典夫）

ナラティブ 18
IT機器の活用には安全が欠かせない

> ナレーターは，パソコンやITと長年つきあっている中学校の先生です。

■学校で使用するパソコンはどうなっているのか

　学校にIT機器が普及し，職員にノートパソコンが貸与され，ネットワークにつなげて使用できるようになりました。また，情報処理・管理において便利に仕事ができる環境になってきている学校が多いと思います。しかし，安全面でも気をつけておくべきことがいろいろあるのです。

　一つは，仕事で使うパソコンの中には子どもの個人情報が詰まっています。そういったパソコンが盗まれるとか，パソコンにUSBメモリを差していて，気づいたら抜かれていたなどのことはありえることです。それらについては，職員室にある大事な書類がなくなるとか，金品がなくなるとかと同様，いやそれ以上に，しっかりした安全への対処法を常日頃から考えておかねばなりません。個人情報の保護は法的にも求められていることですが，子どもの個人情報に関するデータは学校外に持ち出さない，これが大前提といえます。

　次に，パソコンのウィルス感染防止の対策も不可欠となります。参考までに私の職場でのパソコン環境を紹介すると，学校に配置されているパソコンは教育委員会の管理下にあり，いわば監視されています。ウィルス対策ソフトがインストールされて常に最新に更新されており，ウィルスが確認されるとすぐに学校に連絡が入ることになっていま

す。パソコンに管理者権限は与えられておらず，勝手にソフトをインストールすることはできません。インターネットはフィルタリングされており，有害サイト，ショッピング，掲示板などの書き込みのサイト，YouTubeなどの動画サイトには入ることはできません。学校ごとにメールアドレスが付与され，事務室と職員室にそれぞれある1台のパソコンでメールの送受信が行われており，学校貸与の教師個人用パソコンにはメールアドレスは付与されていません。そして，このパソコンを自宅に持ち帰ることは当然禁止されています。個人所有のパソコンを学校のネットワークにつなげることも禁止です。現在の私の職場でのパソコンをめぐる環境はこんな状態になっています。

■ USBメモリは大丈夫か

　しかし，これで完全ということにはもちろんなりません。よくあることですが，パソコンでの作業が職場だけで終わればいいのですが，なかなかそういかず，自宅で個人所有のパソコンで仕事をしたいといった場合どうするかという問題があります。そうしたときには，USBメモリ使用が許可されることがありますが，それを通じての感染が一番気になるところです。自宅のパソコンがウィルスに感染していて，USBメモリがウィルスに感染し，そのUSBメモリを学校のパソコンに差して，学校のパソコンがウィルスに感染しそうになった。また，ネットワークにつなげず使用していたパソコンにそのUSBメモリを差したら，ウィルスに感染して使えなくなったといったことは，よくある事例です。実際に私の勤務した中学校でも，USBメモリを学校のパソコンに差してウィルスに感染しそうになったことがあり，緊急に校内放送で職員室に教職員が集められ，

校長から市教委の指示が伝えられたことがあったのです。
　パソコンのファイルを失う危険性への対策も必要です。例えば，サーバーに共有フォルダを作成し，ファイルを保存していても，サーバーのハードディスクが壊れることもありえます。サーバーに保存しているファイルをバックアップしておく対策が必要となります。教師の中には，学校から貸与されているパソコンのソフトに慣れていないため，個人所有のデスクトップパソコンを職場に持ち込んで，スタンドアロンで使用している場合があります。突然の停電で，苦労して作ったファイルが消えてしまうということを防ぐため，こまめに保存するという基本的な対策は欠かせません。個人のファイルを USB メモリにたくさん保存して，バックアップをとっていない人もなかにはいますが，突然 USB メモリが故障して，読み取れなくなることがありえます。言うまでもないことかもしれませんが，USB メモリは仮の保存先としての運用が原則だということなのです。

■**家庭のパソコンで起こったトラブル**
　私の自宅は，家庭用のサーバーを設置して，パソコンのファイルをバックアップしているのですが，先日，サーバーのハードディスクが故障してしまいました。サーバーには，2台のハードディスクが入っていて，そのうちの1台が壊れてもデータは保存されるように設定しており，壊れたハードディスクを新しいハードディスクと差し替えました。しかし，壊れたのがシステムも入っているほうのハードディスクだったため，物理的に差し替えただけでは自動的に復旧するわけもなく，その設定に試行錯誤して，復旧に丸一日かかってしまいました。

Windows 3.1の時代，Windows 95が出る2年前だったと思うのですが，1993（平成5）年に筆者が初めてパソコンを購入してから現在まで，20年近くパソコンをずっと使ってきました。振り返って考えると，パソコンを使うことによって仕事の効率が上がったことは確かです。しかし，その一方でトラブルへの対処などでパソコンに関わっている時間の長さのこともふと考えてしまいます。IT機器の進歩により，トラブルは確実に減ってきているようには思うのですが……。

■安全と便利さとのかねあいが大切

　IT機器やITサービスは，今後ますます利便性が上がり，情報処理・管理を効率よくできるように発展していくと思います。しかし，便利さだけを追求することは，安全面での落とし穴があります。クラウドサービスのように複数の端末を同期して使用するというようなことは，職場内での情報の共有の面からいえば大変便利です。しかし，パソコンはトラブルなく便利に使えて当たり前と思ってしまわないことです。便利なものを便利に使うためには，情報管理の大切さをはじめ，便利さの裏にある危険性を忘れずに，安全への十二分な配慮，工夫，対策が欠かせないのだと，いつも私は自分に言い聞かせているのです。　（中井尚人）

> 便利なものに危険はないか，これはいつも気をつけておかなければならないことですネ。

ナラティブ 19
体験，活動を生かした学校の安全計画づくり

> ナレーターは，いまは大学の先生をしています。

■防火バケツの役割

　勤務先の小学校でボヤが発生しました。全校集会が終わり，クラスごとに運動場から教室へ戻るときでした。運よく大半のクラスがまだ運動場に残っていました。1階資材室（余裕教室）からの出火でした。

　駆けつけて火の手を見たとき，とっさに「水！」と思いました。「火には水！」と頭の中に刷り込まれているのでしょうか，なぜか「消火器！」ではありませんでした。教室前の防火バケツを手に取り，火を消し始めました。他の教職員も，近くの防火バケツで消火していました。火の手がかなり弱まりかけたころ，消火器を手にした教職員が駆けつけました。

　平時は，さほど気にも留めていなかった防火バケツでしたが，初期消火をするうえできわめて有効でした。あらためてその役割を実感し，その後は「絶対に必要なもの」と思うようになりました。いまも学校を訪れると，「防火バケツ」が常置されているかどうか，ついつい気になってしまいます。

■ピンチをチャンスに

　当時，私はこの小学校の教頭で，防火管理者の立場でした。当然ながら，この後，地元の消防署から厳しい指導・

助言を受けました。「教頭先生，初期消火は正解でしたが，消防署への通報がずいぶん遅れましたね」と指導を受け，大いに反省しました。しかし，ピンチをチャンスに……。私は，この体験を生かして，いま一度，防災（特に防火）計画の見直し・改善を図ろうと考えました。

　まず，直後の職員会議で，教職員の率直な意見を聞くことから始めました。「突然のことで，気が動転し，冷静さを欠いていた。予告なしの避難訓練も必要では……」「消火活動に手が取られ，子どもの避難誘導が手薄になっていた。役割分担の見直しを……」「保護者の問い合わせやマスコミの対応で混乱していた。窓口の一本化を……」等々，この体験をもとに，貴重な意見を聞くことができました。

　出された意見を生かし，その後の避難訓練は，例えば管理職以外の教職員や子どもに予告なく訓練を行ったり，地域や保護者，警察・消防などの関係機関の参加を得て訓練を行ったりすることなどを取り入れ，より実践的な内容に改善しました。

　また，会議の中で一人の若手教師が発言しました。「消火活動の最中，焦ってしまいました。まず，取りに行った教室前の防火バケツに，水が入っていなかったのです。急いで水を汲みに行ったのですが，次は，洗面場の数本の蛇口を一斉に開いているため，水道水が勢いよく出なくなっていたのです。待ちきれず，満水にならないバケツで消火する始末でした。水圧が下がることは，知識としてわかっていましたが……，実際に体験して本当に焦ってしまいした」と。

　できるところから，すぐにでも改善しよう……，そう思いました。彼の意見を生かして，防火バケツの水は常に満水にしておくこと，防火バケツの数をさらに増やすこと

等々，教職員で確認し合いました。体験を通して，新たな「気づき」や「発見」があり，これからの「課題」が見えてきました。

■やったことは，わかる（身につく）

　また，子どもが学ぶ知識・技能も，同様に，子どもの体験や活動を通して納得されて理解され，生きる「知恵」となります。昔から，「聞いたことは，忘れる。見たことは，覚える。やったことは，わかる（身につく）」と言われています。さらに，その知識・技能は，子どもの生活と結びついたとき，生きて働く力となります。「実生活と乖離した知識・技能」とか，「生活に生かされない知識・技能」などとよく言われますが，その間をつなぐものが子どもの体験や活動ではないでしょうか。

　子どもが学ぶ知識・技能を生かす観点から，学校の安全活動における体験や活動の意義をあらためて問い直すとともに，「学校安全計画」（以下「計画」）の策定・実施の際にそれを生かせないものかと考えています。子どもを安全教育や安全管理のための活動に積極的に参加させ，そこでの体験や活動を通して，子どもが受け身でなく，自ら主体的に安全を守る能力や態度を身につけ，伸ばすことが望まれます。

■「これまでどおり」でよいのか

　前述のとおり，私の場合は，ボヤの体験を契機に，防災計画を見直し改善することができました。しかし，なにごともなく事が運んでいたら，「例年どおりやろう」「これまでどおりでよい」と安易に考えていたかもしれません。学校現場では，こうした傾向が強いように思われます。

どの学校も,「計画」を策定し,体制を整備しつつ「計画」を実施しています。しかし,「計画」の内容や取組状況が慣例化・硬直化していないでしょうか。日常のさまざまな場面で,多くの危険が子どもたちを取り巻いている今日,もう「例年どおり」は通用しません。ただし,なにごとにも,時を超えて変わらない価値あるもの（不易）と,時とともに変えていく必要のあるもの（流行）があります。「計画」においても,まず,その中で不易なものとは何かを問いながら,両者のバランスと統一を図り,「計画」の見直し・改善を行うことが大切だと考えます。

> 「例年どおり」とならないためにはどうすればいいか。ここが考えどころですネ。

　東日本大震災の折,日頃の体験や活動を生かして,教職員や生徒が自らの命を守った中学校があります。この中学校の一連の避難を「釜石の奇跡」と呼び,マスコミが取り上げています。その場での教職員や生徒の自主的な判断で,迅速に避難できたそうです。なかには,「当たり前のことをしたまでです」と言いきる生徒もいました。あらためて,子どもの体験や活動を生かした「計画」づくりの必要性を痛感しています。

（砂田信夫）

ナラティブ⑳

火災現場に「戻らない」は「正解」か

> ナレーターは，附属池田小学校の元安全主任です。

　火事のときに火災現場に「戻らない」というのは，命を守るうえで大切なことです。しかし，絶対に戻ってはいけないのでしょうか。本人の判断で戻り，大切な命を救った人もいることでしょう。ここでは，災害現場での葛藤と判断を体験する授業を試みました。

■第4学年『命の避難訓練』

> 　火事です。火はまだそれほどでもありませんが，煙が立ち込めています。あなたは，大切で失いたくない（　　）を取りに「戻りますか」「戻りませんか」

　私は黒板に，上の文章を書いた紙を貼り，二度，読み聞かせました。そしてまず（　　）の部分，「大切で失いたくないもの」を個々に考えさせました。私はゲームなど，子どもらしさを感じさせるものを予想していたのですが，意外にも子どもたちは，「親」「兄妹」「ペットのカメ」など，命あるものを（　　）に当てはめていました。この時点ですでに子どもたちは，「火事とは命を奪う可能性のあるもの」として捉え，45分の授業の中で立ち向かおうとしているように私には感じられました。そして，自分の行動を判断，選択し，黒板にネームプレートを貼りに来させました。

「戻る」を選択した児童は15人，「戻らない」を選択した児童は23人でした。「戻る」という意思表示をした児童は，「大切なものを失いたくない」や，「まだ火は小さいから」という理由を述べました。この時点では，児童は火災に対する恐れはもたず，「大切なものを失いたくない」という感情によって判断しているといえます。そしてその直後に，スモークマシンによる煙体験を行いました。スモークマシンとは，消防署にある煙体験マシンで，前日に市の消防署に行って借りることができました。教室であれば，10分もしないうちに煙が充満します。公開授業の前日に，同僚に手伝ってもらって実験したのですが，教室内に煙を充満させて入ると，本当に一寸先も見えずに恐怖感を覚えました。もちろん無害の煙ですが，煙が充満する室内に入ることがどういうことなのかを体験するには十分でした。

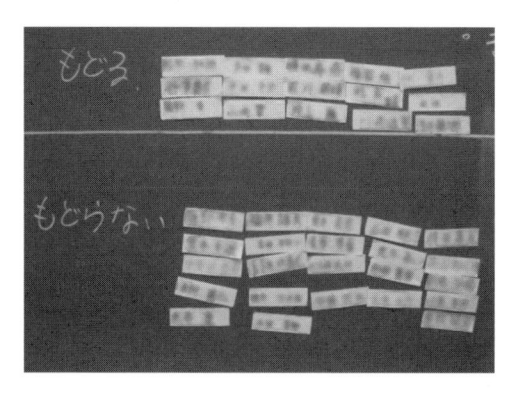

　そして授業では，煙を充満させておいた別の教室に児童を誘い，教室の奥に置いた紅白の玉入れ用の玉を，「大切なもの」に見立てて取ってくるよう指示したのです。途中で諦めてしまった児童もいれば，取ってくるべき玉を間違ってしま

った児童もいました。しかし一様に、煙に対する感覚を変容させた様子が見られたのです。そしてもう一度聞きました。「戻る」か「戻らないか」と。

「戻る」と選択した児童は、体験前の15人から、6人に減りました。「やっぱり無理だ」と感じた児童が多くいたのです。減ることは予想していましたが、私はまだ「戻る」という児童がいることに注目しました。理由を尋ねると、「あれぐらいの煙の量と距離なら、大切なものを助けに戻る。失いたくない」と答えました。

■「戻らない」と指導すべきだったのか

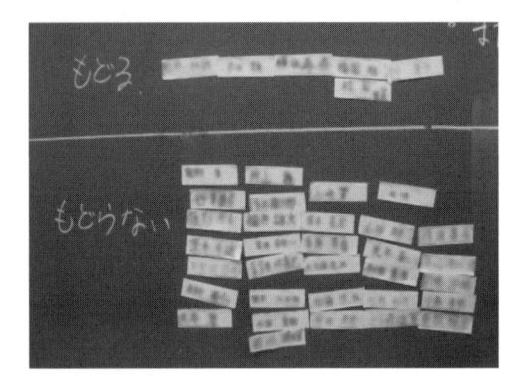

この授業は公開授業だったので、子どもたちの下校後に協議会が行われました。そのとき、ある年配の先生が次のような意見をくださいました。

「この授業は失敗だったのではありませんか。最終的に、6人の児童にも戻ってはいけないと指導すべきだったのではないですか」

果たしてそうでしょうか。全員が「戻らない」というように指導すべきだったのでしょうか。私はそうは思えなかったのです。「戻る」と判断した児童は間違っていたのでしょうか。それは、それぞれの児童が、火災に対する知識を学び、煙の体験から火災への恐怖を実感し、そのうえで下した判断です。その児童は、自己の「もっとも適切だ」と感じた判断で行動し、その結果、「大切で失いたくない

もの」を失わずにすむかもしれないのです。このことに対し，誰も「間違っている」とは言えないのではないでしょうか。

■**安全教育でつけたい「力」**

「戻らない」という教えは，安全指導で行います。これは当然大切なことであり，火災から身を守るうえでのセオリーです。実際に，火災や水難災害で，助けに戻って命を失った人も多くいます。しかし，それは個々の判断であり，その結果です。助けに戻ることができると判断し，大切なわが子の命を守り，幸せに暮らしている人も多くいるのです。

安全指導は，セオリーを教え込みがちです。そのセオリーが現場で，いざというときにおおいに知識として役立つかもしれません。しかし安全学習は，その時，その場に応じて知識や体験を活用し，「もっとも適切な判断をすることができる力」を育むことではないでしょうか。その力は，単なる知識ではなく，さまざまな場面で臨機応変に対応することができ，子どもたちの，生涯にわたる安全・安心を保障していくものであると信じています。　（松井典夫）

> 安全教育の究極のねらいは，臨機応変に対応する力を子どもたちにどう身につけていくのか，なのでしょうネ。

ナラティブ 21

ごめんですんだら警察いらんわ

> ナレーターは，教育委員会の悩める事務局員の一人です。

■ 学校と警察

「ごめんですんだら警察いらんわ‼」2011（平成23）年に大阪府警が作成した"コテコテ大阪風"の警察官募集のポスターのキャッチコピーです。泣いている男の子がそう訴えるこのポスターには，当時賛否両論があり，話題を集めました。

学校，特に小中学校では，児童生徒間のトラブルが発生した場合，「ごめんなさい」の場をもつことで収拾を図ることがよくあります。しかし，謝らせながらも，「ごめんですんだら警察いらんわ‼」と言ったりしたものです……。

ともあれ，警察官OBが小学校区を巡回し，学校の防犯体制及び学校安全ボランティアの活動に対して専門的な指導を行うスクールガード・リーダーとして全国で約1,800人が委嘱を受け，学校安全に大きく関わることになっています。

■ 警察官からみた学校安全

大阪府警の警察官として，大阪府北部のA市で30歳代後半から定年まで勤務した村田さん（仮）は，現在，同じ市でスクールガード・リーダーとして市から委嘱を受けています。週に3日，市内の小学校を巡回し，通学路の安全

指導や危険箇所の点検を行い，学校への指導や教育委員会への報告を行っています。

現役時代は，小学校で開催する防犯教室にもよく出かけたとのことで，「補導した子が親になり，何年も経って今度はその子の子どもを補導したケースが何度もあります。負の連鎖は，なんとしてでも断ち切りたい。悪いことをした者を称賛する空気があるようで，なんとかしたいとずっと思っていました」と言う村田さんの顔は，教師以上に教師っぽいものになっています。

また，「学校のガラスが大量に割られてしまったとき，警察は何やっとんじゃ！　と学校関係者によく言われましたが，結局危機管理の意識が足りない学校は，何度も悪さをされていました。校長先生は『しゃあない』と言われましたが，その姿勢が問題です。同じ公務員ですから，なかなか予算を付けてくれなかったりして，『どないせえっちゅうねん』という気持ちもわかりましたけど……。でも，仕事とはいえ，鶏小屋の中で夜通し張り込んだりして，なんとか犯人を捕まえようとがんばってたときには，なにかやるせなかったですね」と，現役時代を振り返っての話には頭が下がる思いでした。

■村田さんからの提案

現役時代に何度も行った小学校での防犯教室では，「こんなことが起こっています」と具体的な事例を子どもたちに話したら，教室終了後，教員から，「そんなことホンマにあるんですか？　ちょっと極端な話とちゃいますか？」と，よく言われたと村田さんは言いました。

さらに，「どこかで事件は常に起きています。それが，自分の学校でも起きるかもしれないという意識をもってほ

しいのです。学校警察連絡協議会では少年補導のことを取り扱っていますが，侵入者防止とか，通学路の安全とか，防犯ブザーの使い方とか，もっと幅広い，学校の危機管理のための学校と警察の連絡協議会が必要ではないでしょうか。そして，子どもの安全を守るための，もっともっとタイムリーで密な情報交換が必要ではないでしょうか」と，村田さんは，静かに，しかしはっきりとした口調で言うのです。

■どこまでも子どものために

　真夏でも真冬でも，村田さんは歩いて校区を巡回します。子どもや歩行者の目線での危険を感じ，登下校中の子どもと話したり，地域の人と話すことで，情報を得たり，啓発をすることができると考えるからだそうです。

　「かたちだけ，バイクで校長先生が校区を回る学校もあります。やらないよりはマシですが，何が見えて何を感じたのかは疑問です」

　地域とのふれあいや子どもの立場に立つことの大切さを日頃から訴える学校の教職員には，かなり耳の痛い言葉です。

　元警察官としての経験を生かして，子どもの安全を守りたいとおっしゃる村田さんからお話をうかがうなかで，村田さんのような方に，今後もスクールガード・リーダーとして活躍していただくことが必要だと強く感じました。と同時に考えさせられたことは，学校と警察の関係のあり方ということでした。

■これからの学校と警察の連携

　これまで学校は，警察に協力を求めることは，自分たち

の責任放棄だというように考える傾向もなきにしもあらずでした。

　しかし，現在，学校だけでは対処できない事態が数多く存在します。特に学校安全や子どもの命を守るということについては，自分たち学校と教師だけで対処しようとするのは，やはり限界があるというのが率直な思いです。

　学校と警察は，今後どのように連携・協力していけばよいのでしょうか。もちろん学校には学校の，警察には警察の役割があります。そのうえで，これからの新しい関係をどのようにつくっていくのかが重要な課題となってきているのは，確かなようです。
　　　　　　　　　　　　　　　　　　　　（前馬晋策）

> 学校と警察の役割の違いをはっきりさせたうえで，新しい関係づくりがいま，大きな問題になってきているのですネ。

ナラティブ 22 『命のバイスタンダー』の授業から

> ナレーターは，附属池田小学校の元安全主任です。

■「命の大切さ」とは

「命が大切」なことは，誰もが言い，誰もがわかっていることです。しかし，それは本当に実感できるものではありません。命には，実体がないからです。そこで子どもたちに，命に触れることの怖さ，命に対する畏れを感じさせることによって，「命の大切さ」の実感を育むことを目的とした『命のバイスタンダー』の授業を考案し，実践をしてみました。

辞書で「バイスタンダー」という言葉を検索すると，「傍観者」となります。言いかえると，「野次馬」でしょうか。道端で突然，目の前の人が倒れたところを想像してください。そのとき，ただの「傍観者」となるのか，その人の命のために「何か」をしようとするのか。

この実践では，ある教材を使用したことによって生じた子どもたちの大きな変化を，「命の大切さの実感」へ結びつけようと試みました。

■ AED トレーナーを使用する

私は，授業の中で AED トレーナーを使用することを考えました。それでこそ，子どもたちに命の大切さを実感させることができると考えたからです。しかし，もし万が一，AED の使用を体験した子どもたちが，実際の場面で AED

を使用して人命救助しようとし，目の前で人が亡くなってしまったら，そのことを子どもたちは受け止めることができるだろうかという危惧もありました。悩んだ私は，救命士の方々や病院の先生など，日頃命の現場に接している人々に会い，相談することにしたのです。授業案を持参し，取り組みの大きな目的は，子どもたちにAEDを習熟させ使用できるようにすることではなく，命の大切さの実感をもたせたいということにあると語りました。しかし，救命士の方のなかには，「小学生にAEDなど」と言下に否定する方もおられました。そのなかで，ある救命センターのセンター長に相談する機会を得ました。私の授業案を熟読し，そして顔を上げて言ったことは，「ぜひ，やったらいい」というものでした。そして，こうも言われました。

「北欧では，救命救急の授業を6歳からやっている。小学生でもできること。日本は遅れているだけ。だめでもいい。大切なのは，人の命を救いたいという気持ちだ」

その言葉は，私をおおいに勇気づけてくれたのです。

■**実際の授業はこうでした**

授業では，まず一次救命処置の技能習得に臨みました。6時間にわたって一つ一つの手技をじっくりと教えると，子どもたちは大人顔負けの技能を立派に習得します。子どもたちは，「人の命を救う技能」を身につけたのです。子どもたちは，「人の命を救うことができる！」という自尊感情の高

まりを自覚していたことでしょう。このとき，一つの質問を子どもたちに投げかけ，対応を下の三つの中から選択させました。

「もし目の前に傷病者がいたら，どうしますか？」
・一次救命処置で助ける
・何か手助けをする
・助けられない

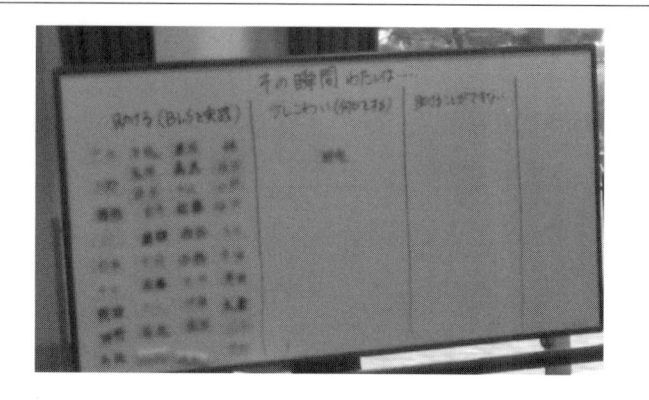

結果は上の写真のように37人中36人が「一次救命処置を使って助ける」と選択したのです。しかしこの状態で，「命の大切さの実感」を得たとはいえないと感じました。そして，ある教材と出会うことができたのです。

そのとき私は，命の現場に関わった人からお話を聞くことによって，より命の大切さの実感へと近づけるよう計画を立てていました。救命士の方にお話を聞くという考えもありましたが，偶然にも当該学級の保護者の方が，柔道の試合を会場で観戦中，目の前で選手が倒れ，AEDを使用してその傷病者の人命救助をしたという話を聞き，学級でお話ししていただけないかとお願いしたのです。快くお引き受けくださったのですが，お話だけではなく，思わぬ収穫を得ることができました。その保護者の方が，当時，実

際に使用したAEDの記録（音声と心電図）が消防署に残っているはずだと教えてくださったのです。

■**消防署の協力を得て**

　私はまたとない教材になると感じ，指導案を携えて消防署を訪れました。しかし，事は簡単には運ばず，当然のことながら消防署の方は二の足を踏まれました。以前，「小学生にAEDなど……」と救命士の方に言われたことを思い出しました。また，そこには傷病者の方のプライバシーも関わります。私は必死に説得し，理解していただこうと試み，その結果，私の取り組みに理解を示してくださったのです。ただし，AEDのボイスレコーダーを署外に持ち出すことはできないので，パソコンから流れてくる音声をICレコーダーで拾う方法を許可してくださいました。また，当時の心電図のコピーもくださったのです。私はそれらの資料をビデオにしました。流れてくる音声は不明瞭だったので，心電図をビデオで流しながら，そこに音声とキャプションをつけ，非常にリアルで，命の現場の緊迫感が伝わる教材が出来上がったのです。

　ここからの授業は，研究大会での公開授業で行いました。子どもたちは多くの人々の前で，自分が身につけてきたスキルを堂々と実践しました。子どもたちは，嬉々として自慢の技能を披露していました。

　そして，ビデオを全員で視聴しました。「固唾をのむ」とはこのことをいうのだと感じました。それほど，息づかいも聞こえないほどの静寂の中，緊迫感溢れるビデオを視聴しました。ビデオのエンディングで，「この男性は，無事，社会復帰を果たしています」というテロップが流れ，ビデオが終わったあとも，子どもたちは身動きができなかった

のです。

■「あっ，誰か倒れている」

　ここで感想を聞く方法もありますが，私はあえて，子どもたちに何も言わせず，すぐに円形になるように指示しました。円形になった子どもたちの輪の中心に，おもむろにマネキンを置いたのです。そして私は，そのマネキンを指さし，「あっ，誰か倒れている！」と声を発しました。子どもたちは，私が何を求めているのか，自分がいま，何を期待されているのかわかっていたでしょう。いま，「その一歩」を踏み出したい，でも，踏み出せない自分と葛藤している様子が手に取るように伝わってきます。私は何度も声を発しました。「あっ，誰か倒れている！」

　1分間ほどでしょうか。誰も動くことができない，長く長く感じる時間が過ぎました。参会者の方々の息づかいさえも聞こえないほどでした。そのとき，一人の男子児童が立ち上がったのです。そして，まわりを見渡し，「周囲の状況よし！」と叫び，マネキンに駆け寄りました。「すみません！　誰か来てください！」すると，すぐに3人の子どもたちが駆け寄りました。そのとき，駆け寄った子どもたちの顔にはわずかながら笑みがありました。その笑みは，はにかみなどではなく，「自分にできること」を見つけた喜びだったのです。

　まわりの子どもたちはどうだったか。彼らはまぎれもなく，「その現場」に居合わせた「バイスタンダー」（そばにいる人）でした。そして，何もできなかった，その一歩を踏み出せなかった自分自身と葛藤していました。私はそこで，子どもたちにワークシートを渡し，「いま語りたいことを，率直に書くように」と促しました。子どもたちは何

> 安全のために，命を守るために，私にも何かできると子どもが思い始めている。そこが大切なのでしょうネ。

も言わず,無心にワークシートに向かいました。「その一歩○○○」という○の部分に言葉を入れさせました。

・その一歩を踏み出すには勇気がいる。
・その一歩が怖かった。

私はもう一度問いかけました。

「もし目の前に傷病者がいたら,どうしますか?」

結果は下の写真のようになりました。

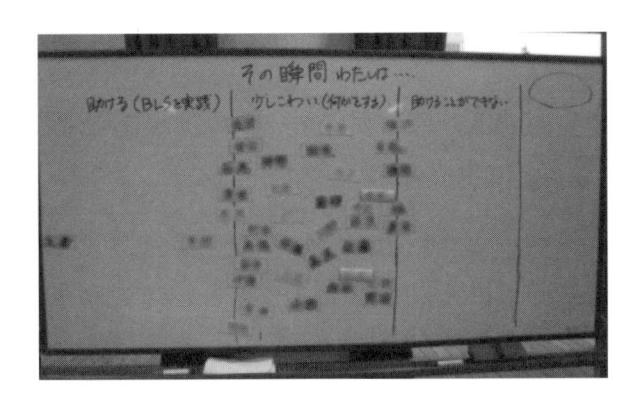

子どもたちは,消極的になったのではなく,人の命の「重さ」「畏れ」を実感したのです。　　　　　（松井典夫）

ナラティブ 23
学校で命を落とさせるわけにはいかない

> ナレーターは，新任校長の時のことを思い出しています。

■安全が当たり前の場所

「教頭先生，この『命の講話』って何ですか？」新任校長として赴任したばかりの私は，春休みの4月初め，年間行事予定表を見ながら尋ねました。「昭和40年代のことですが，雨の日に廊下で遊んでいた本校の生徒が，転倒して命を落とす大事故があったそうです。それ以来毎年，校長先生が学校安全の講話をすることになっています。中庭の『命の碑』がつくられたのもその時だと聞いています」と教頭先生は教えてくれました。遠い昔，勤め始めた年の初任者研修で，指導主事からその話を聞いたことを思い出しました。

新任校長として，この「命の講話」をどうするか。他人事と思わずに聞いてもらうには，どのような話をすればよいだろう。事故から長い年月が過ぎており，当時のことを知る教員もいません。しかし単なる行事として，かたちだけの講話を行うのは避けたいと思いました。

1学期が始まり，朝の校門で登校する生徒たちに挨拶をしているときのことでした。私は，はっと気づきました。事故のあった日の朝も，ご家族はきっといつもどおり子どもを学校に送り出されたにちがいありません。まさかそれが元気な我が子を見る最後になるなど，思いもよらないことだったでしょう。そう考えたとき，私は話すべきことが

決まったのでした。全校集会の当日，私は次のように話し始めました。

　　私たち教師は，ご家族からみなさんの命をあずかっています。だから学校で命を落とさせるわけにはいきません。

ざわついていた600人くらいの子どもたちが，一斉に私に目を向けるのを感じました。そして短くない話だったにもかかわらず，最後まで真剣に聞いてくれたのです。放課後，校長室にやってきて感想を伝えてくれた生徒もいました。

学校は安全が当たり前の場所です。だからこそ「まさか」の事故を起こさせるわけにはいきません。「学校は子どもをあずかっている」とよくいわれます。しかし「命をあずかっている」と考えるとき，そこには単に「あずかる」という言葉以上の重さがあります。失ってしまっては取り返しがつかないものをあずかる仕事だからです。

■当たり前の重さ

しかし，こうやって振り返ってみて，新任校長のあの時の私にこの仕事の重さが本当にわかっていたかというと，そうは思えないのです。そんな思いがずっとしていたあるとき，次のような文章に出会ったのです。

　豊津小学校の改造南棟校舎1階の1年女子組担当吉岡藤子先生は，「お月見踊り」の練習中でしたが，メリメリと校舎がきしみ揺れ，「先生，こわい！」と児童たちにすがりつかれました。「逃げろ！　講堂へすぐ避難せぇ。危い，早く逃げろ。」向こうの廊下を男子の先生が走り回りながら叫んでいます。

> 「さあ，皆さん，早く，早く。」最後まで踏みとどまった先生は，教室がカラになったのを確かめ，しがみついている数名の女の子をひっぱって出ようとした瞬間，物凄い音がして校舎が崩れ落ちました。「風が猛獣のように吼え狂ったとたん，あたりがパッと明るくなり，南校舎が映画のスローモーションのように，ゆっくり崩れていきました。」講堂に逃げ込んだ同僚はこう語っています。
> （『おおさか100年物語』122・123号「吉岡先生の人となり」より）

吉岡先生は，1934（昭和9）年の室戸台風で犠牲となった教職員の一人です。瓦礫の下敷きとなった吉岡先生の身体に守られて，5人の子どもたちが無事だったのだそうです。

吉岡先生だけではありません。死傷者1万5千人，行方不明3千人という空前の大被害をもたらした室戸台風では，命をかけて子どもたちを守った教師が他にもいらっしゃいます。豊津小学校ではもう一人横山仁和子先生が，同じ状況で3人の子どもたちを助けて亡くなっています。32人の児童が命を落とした京都市の淳和小学校（現在の西院小学校）では，松浦寿恵子先生が児童7人に覆いかぶさり，そのうちの2人が助かりました。大阪市では，味原小学校の細川大造先生が，逃げ遅れた児童全員を救出したあと，校舎の下敷きとなりました。堺市の三宝小学校の粟山優先生は，児童の数が足りないため高潮の中へ引き返し，波に呑まれて亡くなりました。

私ならどうするだろう。私は上の引用を繰り返し読みました。そして想像してみました。

私は子どもたちの上に覆いかぶさることができるだろうか。おびえて自分にしがみついている子どもたちを突き放したりできるはずがありません。逃げ遅れている児童を向

（吹き出し）京都・円山公園には松浦先生の「師弟愛の像」があります。「室戸台風」「師弟愛の像」「松浦寿恵子」ですぐ検索できます。

こうに見つけたなら，死ぬかもしれないなどと考える間もなく，身体はそこへ走っていくのだろうか。子どもの命を守ろうとすることは，教師というより前に，人として当たり前のことともいわなければなりません。

　どれほど学校安全に配慮と準備を尽くそうと，まさかのことが起きてしまう。そのとき教師は，自分を犠牲にしてでも子ども助けようとするのではないか。つきつめて言えば「子どもをあずかる」とは，生と死の境界に自分の身を置くことです。「学校で命を落とさせるわけにはいかない」という覚悟，ここに教師という仕事の重さがある，それを忘れないようにしていきたい。思えばそれが校長としての私のスタートとなっていたのです。　　　　　（佃　繁）

ナラティブ **24**

安全教育は「教科」となるのか

> ナレーターは，編者の私です。

　中央教育審議会は 2012（平成 24）年 3 月に「学校安全の推進に関する計画の策定について」という答申を示しました。それを受けるようにして，同年 4 月には「学校安全の推進に関する計画」がいち早く閣議決定されました。これらのことは，東日本大震災のあと，学校安全を確保し，いかに安全教育を行っていくのかが，緊急に求められる重要課題となっていることをよく示すものとなっています。

　この「答申」や「計画」では安全教育推進において多くの重要な方策が示されていますが，その中の一つに，安全教育の推進，充実に向けて，「教科等として位置づけるなど安全について系統的に指導できる時間を確保すること」が示されています。もちろんいますぐに，例えば「安全科」や「防災科」の設置をというよりは，今後の検討課題の一つとされているのですが，マスコミ等ではかなりの注目を集めることになりました。

　新しい教科が設置されるとなれば，それを実際に担うことになる教育現場は当然，大きな関心を寄せることになります。「答申」が示された直後に，「教育調査研究所」が防災教育に関するアンケート調査を実施しています。それによれば，「防災科」創設について，調査対象となった公立の小中学校の校長の多くは，「教科にする必要はない」（93%）と答えています。

	全体（228人）		小学校（182人）		中学校（46人）	
①教科にする必要がある	10	4.4%	9	4.9%	1	2.2%
②教科にする必要がない	212	93.0%	167	91.8%	45	97.8%
無回答	6	2.6%	6	3.3%	0	0%

（教育調査研究所『研究紀要』第92号「防災教育の現状と今後の取り組み」2012年5月）

　そして、「教科にする必要はない」とした理由として、「重要な内容ではあるが、教科にはなじまない」「防災教育については現状でも十分である」「評価のあり方に懸念がある」「これ以上『あれもこれも学校教育でやれ』という方針には従えない」等々といったことが示されています。ここからは確かに教育現場の本音と実際がよく見てとれるのではないでしょうか。

　安全教育，防災教育が重要な教育課題であることは，誰もが認めることです。しかしだからといって，「教科」にしてという発想はやはり一足飛びの感が否めません。大切なことだから「教科」にして時間を確保して，となれば，どうしても内容や方法の基準性をどうするのか，テキストや教材をどうするのか，そしてその「評価」をどうするのか，といったことも問題となってくるかもしれないのです。

　安全教育，防災教育は，「総合的な学習の時間」や「道徳」「学校行事」等々の中で，それぞれの学校で独自に時間を確保し，特色と個性ある教育として展開されるというのはやはり大切なことでしょう。安全教育，防災教育は，まさしく「命」に関わる教育なのですから，その具体的なあり方は，それこそ「てんでんこ」(p.98参照)にまずは追求されるべきことなのではないでしょうか。　　　（長尾彰夫）

> 安全教育は，まずは「てんでんこ」に始められていくべきことではないでしょうか。

ナラティブ 25
「釜石の奇跡」から学ぶことは

> ナレーターは，教育委員会の悩める事務局員の一人です。

■「釜石の奇跡」とは？

　東日本大震災における岩手県釜石市での死者・行方不明者は，約1,300人に上ります。大槌湾に面した鵜住居地区は，津波で壊滅状態となりましたが，鵜住居小学校と釜石東中学校にいた児童生徒合わせて約570人は，全員無事でした。中学生や小学校高学年の子が小さな子どもたちの手を引いて逃げるなど，両校の迅速な避難行動は「釜石の奇跡」といわれています。

　特に「自分の命は自分で守る」「助けられる人から助ける人へ」を目標にして防災教育に取り組んできた釜石東中学校生徒の行動は，隣接する鵜住居小学校の教職員と児童，また共に避難した地域住民の命を守ることになり，この「奇跡」を生み出すもととなりました。

■釜石への出張

　「釜石の奇跡」については，さまざまなメディアで報じられ，私も何度かそれを目にしてきました。でも，「奇跡はめったに起こらないから奇跡であって，いろいろな取り組みを行ってきての結果なら，奇跡と呼ぶのはおかしいのではないか」とも考えていました。

　2011(平成23)年12月のことです。市長部局から私に「釜石の奇跡から，本市の防災教育へ取り入れられるものを学

んでこい」と，釜石へ出張するように指示がありました。そのときは，あれもこれもてんこ盛りになってアップアップしている学校教育の中で，「また新たなことが増えるんやろなあ……」という思いも正直なところありました。同年12月15日，空路で大阪から花巻へ向かい，さらにJR釜石線経由で釜石に到着しました。

　長い移動中，「津波と昔から闘ってきた釜石の長い歴史の中から生まれた取り組みであり，そこから何が学べるのだろうか」と考えましたが，少し高い所にある釜石駅から港に近い釜石市街へと車で入った途端，驚きとショックで何も考えられなくなったのです。遠くから見ていると，街はあるのですが，建物の1階，2階は波でえぐられ，中が空っぽになっていたり，めちゃくちゃになっているのです。

　さらに，そこから翌16日に訪ねる予定の釜石東中学校が存在する（した？）鵜住居地区へ行くと，さらに深刻な状況がありました。海を目の前にした釜石東中学校と隣接する鵜住居小学校の3階までが，まさに破壊しつくされた状態で，鵜住居小学校の3階には勤務していた職員の軽自動車が突き刺さっているのです。見れば見るほど「この状態でみんながよく助かったなあ」という思いが，私を突き上げるのでした。

　その一方で，「奇跡という言葉が本当に当てはまるのか？避難できた背景には周到な準備があったにちがいない！」との思いはますます大きくなったのでした。

■防災教育が生んださまざまなつながり

　翌日，私は釜石東中学校が校舎を間借りしていた釜石中学校を訪ねました。

　平野憲校長は忙しい時間を割いて，釜石東中学校が行っ

てきた防災教育について語ってくださいました。震災が発生した平成22年度の取り組みのねらいは,「1.自分の命は自分で守る」「2.助けられる人から助ける人へ」「3.防災文化の継承」の3点でした。小中合同避難訓練や町内会への安否札の配付,防災ボランティーストやEASTレスキューなど地域とともに取り組む防災活動など,取り組みの詳細は,これまでさまざまな機会にマスメディアでも取り上げられているところです。

　話を聞いていて「目の当たりにした光景から,釜石の学校がやっていることだという前提で話を聞いていたけれども,取り組みの柱は,大阪の学校が立てていてもおかしくないなあ」と思い始めました。つまり,「当たり前」のことを着実に積み上げてきたということではないかとの思いが強まってきたのです。

　さらに興味深いことには,平野校長は「3・11の避難」ができた背景には,これらの取り組みからさまざまなつながりが生まれていたことを強調されておられました。つまり,「防災教育によって,学校は保護者や地域とつながれたのだ」と。生徒の変化を見て大人も変わり,学校への信頼感が増したとおっしゃっておられました。

　また,つながりは学校内でも強固なものとなっていました。釜石東中学校では平成22年度当初,それまで防災教育の中心となっていた教員が他校へ異動しました。学校はこのような機会に,取り組みが縮小することがよくありますが,特定の教員にだけ負担がかかるのではなく,全職員で防災教育に関わるよう体制を工夫したそうです。その結果,防災教育に対する職員全体の意識や全校体制で取り組む姿勢がより一層高まり,防災教育の定着が図れたのです。

■**大切なことはふだんからの徹底と真剣さ**

　平野校長は「奇跡」といわれることをあまり好んでおられないように感じました。毎日のように全国からの訪問や取材を受けておられるからか，きちんとまとめられた資料をくださり，「当日避難した経緯については，これをご覧ください」とおっしゃり，話の中心は学校組織づくりや地域との連携，ボランティア意識を育む教育に関わることだったからです。さらに，「決して『釜石の奇跡』ではない。当たり前のことをしたまで」と言いきる生徒もいるとうかがいました。

　日常のさまざまな教育活動を徹底して行うことや真剣に行うことがなければ，生徒の真剣な取り組みを生み出すことができない，挨拶や清掃活動，校外学習時の整列や移動など，学校全体でやりきることが防災教育に限らず重要だと，平野校長はおっしゃっておられました。

■**当たり前のことがなぜできないか……**

　平野校長がおっしゃることは，全国どこの学校においても共通して大切にしなければならないことだということは，言うまでもありません。想定外の津波を前に「奇跡的な避難」ができた背景には，「当たり前」の取り組みの積み重ねがあったということなのです。

　でも，ここで考え込んでしまいました。「いのちの教育」「ボランティア教育」「地域連携」「規範意識の醸成」などは，多くの学校で取り組みの柱とされています。いわば「当たり前」のことは，全国でも「当たり前」なのです。しかし，その「当たり前」に「何か」がプラスされているのではないかと，私は考えました。

■**津波避難の三原則**

　群馬大学大学院の片田敏孝教授の指導のもと，釜石市では長年，津波防災教育を進めてきました。その中で大切にされてきたのが，「津波避難の三原則」です。もちろん，釜石東中学校でもこの三原則は，大切に指導されています。

　「津波避難の三原則」のまず一つめは「想定にとらわれるな」です。想定にとらわれることなく自分で判断することは，本当に難しいことですが，自分の命を守り抜くためにはもっとも大切なことです。

　次に二つめは「最善を尽くせ」です。その時に考えられる一番安全な場所を常に考えることが大切です。

　そして，三つめは「率先避難者たれ」です。勇気をもって逃げ始めることが，みんなを巻き込んで逃げて行くことにつながるということです。

　この原則が生まれた背景には，三陸地方に残る「津波てんでんこ」という教えがあります。地震があったら，津波が来る前に自分一人でまず逃げろということを意味しますが，一人一人が命に責任をもつことや，家族が信頼し合うことの重要性を示唆しています。

■**あずかった大切な命**

　じつは釜石出張の2か月前に，群馬大学へ私は出張で訪ねていました。平野校長の話を聞きながら，「津波避難の三原則」や「津波てんでんこ」の話を思い出していました。

　「釜石の自然の恵みをたくさんもらい，人々は生きてきた。すばらしい釜石，でも何十年かに一回やってくる大津波をうまくやりすごす作法が必要だ」

　最後に，平野校長がこんなことをおっしゃいました。「学校は，『子どもの命をあずかっている』ということを身に

しみて感じている」というものでした。さらに「学校管理下では全員助かったけれども，亡くなった生徒もいますし……」とポツリとおっしゃったのも，とても印象的でした。

「大切な子どもの命」を守るため，「一人でも逃げる勇気」や「その場その場での判断力」を子どもたちに育みたいという「津波てんでんこ」の教えが，「当たり前」の背景にはあったのです。

「わが町の『津波てんでんこ』とは何だろう？」

私は，そんなことを考えながら，釜石東中学校を後にしました。

（前馬晋策）

> 「釜石の奇跡」からどれだけ学ぶべきことを引き出せるか，それがこれからの仕事となるのでしょうネ。

ナラティブ 26
帰ってきたキャロリン

ナレーターは，震災の町で子どもと一緒に生き続けました。

■もう一度，三条小学校へ

「あら！ キャロリン，どうしてここにいるの？ 大阪の学校から転校の連絡があったよ。荷物を取りに来たの？」。教室の前にちょこんといる小柄な金髪の少女に驚き，私は声をかけました。

彼女の家は1995（平成7）年1月17日の阪神・淡路大震災で住めなくなり，家族で大阪に避難したのです。2日前に大阪の小学校から転校の電話連絡があり，彼女は勉強道具などのすべてをいままでの小学校に残したまま避難していたのです。

横に立つ母親が，決心したように話します。「住む家もないのに，この学校へ戻ると言い張るのです。大阪では，1日だけ登校しただけです。明日から，私も一緒にこの学校に通います」。小学1年生が，大阪から被災地の学校まで，1時間以上もかけて登下校することは，教育上好ましくありません。当時は，大人でさえ被災地を離れ，ホテルから通勤していました。

当然ですが，私は大阪の小学校に登校することを勧めました。駅からの道が危険なこと，がれき処理で大気が汚れていること，長時間の満員電車は幼い子に大きなストレスになることなどを理由にあげました。そして，学校給食が完全実施できないこと，授業も遅れ，1年生の学習が終了

できないことも付け加えました。

■**この町のこの学校に通学する**

　私が繰り返し説得しても，キャロリンの気持ちは変わりません。「大阪の小学校で何が嫌だったの，先生が電話するから」と尋ねても，返事はありません。自分の考えをはっきりと言ういつもの彼女とは全く違います。気持ちをうまく言葉に表現できず，戸惑っているようにも見えました。しかし，まっすぐに私を見つめ「明日からここに来る」と言います。やむなく，朝夕のラッシュを避けて通学すること，決して無理をしないことを約束しました。

　次の日から，キャロリンは母親としっかりと手をつないで，大きなマスクをして，阪急芦屋川駅から学校までへの急な坂道を登ってきました。その後，疲れて欠席することもありましたが，彼女は遠い距離の通学を数か月間にわたり続けたのです。

> 防災，抗災，そして復興のための力が何かをキャロリンは教えてくれているのかもしれません。

■**被災地の学校にこそ居場所がある**

　6歳の少女がこのような決断をし，それも長期にわたって続けることができた原動力は何か，いまでも私にはわかりません。「大震災という非常事態だからこそできた」という言葉がよく聞かれますが，それだけでは説明できません。

　私は，彼女が大阪の学校に1日だけ足を踏み入れた際に，被災地と全く異なる平和な空間に，彼女自身が違和感を覚えたのではと想像しています。そして，被災地の学校にこそ，自分の居場所を再発見したのではないか。すでに20歳を超えたキャロリンに会い，この時のことをもう一度尋ねてみたいものです。

　　　　　　　　　　　　　　　　　　（松田智子）

ナラティブ 27
卒業アルバムいりません

> ナレーターは，いまは教育委員会事務局のメンバーです。

■さとしくんの転入

　阪神・淡路大震災発生から約10日が過ぎ，さとしくん（仮）が私の担任する6年4組に転入してくることになりました。神戸の東灘区の学校からの転入で，さとしくんの家は全壊し，いつまでも避難所生活はできないとのことでした。

　大きな被害を受けた子どもを迎え入れるにあたり，私は「これからいろいろ考えないといけないな」と思ったものでした。

■さとしくんとの毎日

　転入前日，学級の子どもたちとも，さとしくんをどう迎え入れるかを考えました。夕方には市から支給される学用品などを持って家庭訪問をしました。

　それからというもの，余震が来ると教室を飛び出し，怖がるさとしくんをそのつどなだめ「大丈夫！」と声をかけ，授業中，突然「息苦しい！」というさとしくんを抱えて3階の教室から1階の保健室まで降りていったりもしました。また，学級の子どもたちもいろいろ声をかけ，さとしくんの家に遊びに行ったり，さとしくんを家に呼んだりして関係をつくってくれました。

　そして，1か月が過ぎたころには，さとしくんはずっと

前からこの学級にいたかのような存在になっていました。

■ ぼくは神戸の子です

3月に入り，突然さとしくんは学校を休みました。夕方になって，母親から「今日は，2月末から再開した神戸の学校へ行かせていました」と電話で伝えてきました。私は，「心配しました。明日から，また元気な顔を見せてください」と言いましたが，その返答は「明日からも，しばらく神戸へ行かせます。あの子も，ぼくは神戸の子や！　と言うてます」というものでした。

結局，3月18日のこちらの学校の卒業式には出席したものの，3月にこちらの学校に登校したのは，卒業式当日を含めて2日間のみでした。

卒業アルバムに，さとしくんにとっての思い出の写真はほとんどありません。しかし，納期を遅らせ，卒業式当日の写真を入れるなど，いくつかの工夫もしました。さらに，業者も「さとしくんからはアルバム代をいただきません」と言ってくれました。でも，さとしくんは「ぼく，卒業アルバムいりません！」と卒業式の日，私に告げたのです。

前日まで「来ない」と言っていた卒業式。母親も「本番は神戸での24日の卒業式です」とおっしゃっていました。それでも，説得して出席させた卒業式。しかし，最後まで表情は硬いままで，結局，さとしくんがたった一つ私に残した言葉は，「卒業アルバムいりません」だけだったのです。

（前馬晋策）

> 一つ前のナラティブ26のキャロリンとさとしくんとは，合わせ鏡のようになっているのでは……。

ナラティブ 28
武庫川大橋の向こうは世界が違う

> ナレーターは，震災の町で子どもと一緒に生き続けました。

■武庫川の向こうの世界

「神戸から電車に乗って大阪へ向かうとき，西宮市と尼崎市を隔てる武庫川大橋を渡ると，突然に風景が変化するので本当に驚くよ，同じ世界だとは思えない！」この言葉は，阪神・淡路大震災のあとに，大阪へ通勤する人の多くが，よく話していたことでした。私は，この言葉の意味する内容を，当時は全く実感として受け止めることはできませんでした。「武庫川の向こうは大阪寄りなので震源地から遠く，被害が少ないのは当然のことだろう」と，さらりと聞いていました。

なぜなら，私の自宅は神戸市長田区のゴム工場が集中し，地震による火災で多数の死傷者が出た地域にあったからです。さらに勤務先は，全市被災地の指定を受けた，芦屋市の小学校だったからです。つまり，毎日毎日，被災地の中だけを行き来する生活を，2か月も送っていたのです。

毎日，薄暗い早朝にミニバイクで家を出て，途中で冷えた体を休めるため，トラック運転手と一緒に飯屋で味噌汁をすすりながら体を温め，2時間以上かけて通勤していました。

■被災地での私の日常生活

なぜ，私が被災地から何か月も出ることがなかったのか

と，不思議に思われる方もおられるでしょう。それはただ，明日を生き残ることに精いっぱいだったからです。何か月も先のことには，とても考えが及ばなかったからだけです。

私には4人の子どもがいますが，自宅では明日の水と食料にありつけるか，家を回復できるかなどが，大きな悩みでした。それでもなんとか，ご近所の人々に助けられて生きていました。

勤務先では，担任する子どもの転校先の確認だ，安全な登下校だ，遅れた学習時間の確保だ，避難者のための宿泊当番だと毎日が矢のように過ぎていきます。しばらくすると，この子どもたちとこの町の未来に向けて，今まさに今，ここでするべきことは何かと，やっと考えられるようになりました。

ですから，芦屋から距離的にはすぐ近くにある大阪に出かける必要もなければ，まったく行きたいとも思っていませんでした。

■ある日，武庫川の大橋を渡る

被災地で生活する私のことを心配して，古くからの勉強会仲間から「大丈夫，生きているの？」「送ってほしいものはない？」「子どもさんをあずかろうか？」と何度か連絡をいただきました。みなさんのご厚意に対応することもできないほど，私の心は閉ざされていたようです。

しかし，学校の校門のすぐ脇の白い木蓮の芽が，大きくなってきたころです。私は勉強会に参加するため，神戸から大阪行きの電車に乗りました。神戸から大阪までは快速電車でたった30分という近さであり，いまから思えば日常の通勤範囲です。しかしその当時の私にとっては，被災地から外へ向かう電車に乗ることは，震災後初めての挑戦

でした。

　神戸で乗車したときは，車中の雰囲気にあまり違和感を覚えませんでした。しかし，例の武庫川大橋を渡り，電車が大阪に近づくにつれて，気持ちがどんどん沈んでいくのです。この電車は，日の当たる明るい場所に向かって走っているのだと，乗り降りする人々の服装や会話などの雰囲気で感じます。電車の中には，戸惑い慌てている私が，ぽつんと座っていました。

■戸惑いの正体
　旧知の研究会仲間に会えることを楽しみに神戸を出発した私ですが，電車が大阪に着くころには，黙ってうつむいているだけでした。
　私は戸惑い，一人で泣いていました。涙が止まりません。街には音楽が流れ，光がこうこうと点いて眩しく明るすぎます。豊富な品物が，当然のように店頭に並んでいます。カラフルな服装の人が，街を行き交っています。道路は美しいタイルで舗装され，車が行き交います。
　多くの女性が，ハイヒールを履いて歩いています。薄汚れた運動靴ではありません。多くの女性が，ばっちりと化粧をしています。大きなマスクで顔を覆っている人はいません。多くの男性が，スーツを着ています。灰色の作業着ではありません。多くの人が，ごくふつうの小さなカバンを持っています。大きく膨らんだリュックサックではありません。まるで何事もなかったかのように，人々が忙しそうに通勤や通学をしています。
　そのような群衆の中に立つ私は，どうでしょう。土のついた運動靴に黒のズボンをはき，夫の緑のジャンパーを着て，グレーのリュックサックを背負っています。もちろん

化粧っ気はなく，頭には救援物資でいただいたブルーの毛糸の帽子をかぶっています。

　そうだったのか……じつは，生死をさまようように生きていたのは，私たちだけだったのか……と，惨めさとともに怒りに似た気持ちが湧いてきました。その日の私には，研究会に行く気力が残っていませんでした。再び大阪駅から電車に乗って，被災地に戻りました。

■再びの戸惑い

　2011（平成23）年3月11日午後，東日本大震災の津波の被害状況を，私は，勤務する岡山の大学の事務室のテレビで見ていました。画面の中では，船や家が津波で流されています。工場や学校の中に水が川のように流れこんでいます。いま，まさに東北地方の沿岸部では，大津波が町を呑み込み，人々の生活を破壊しています。これは，大変な状況だなと思いつつ，じっと画面を眺めていました。

　その日の岡山は春も近く，暖かで快晴です。大学は卒業式を目前に控え，授業もなく静かな時間が流れていました。事務室では職員が，東北出身の学生がいないか調べていました。私は「低学年児童は下校時間だけど，助かったのかな」とちらりと不安になりましたが，いつものように仕事に戻りました。

　映像を横目に自分の部屋に戻りつつ，はっと気づきました。16年前の阪神・淡路大震災後に，初めて出かけた大阪の街で強く感じた，違和感と戸惑いの正体を見つけたのです。

（松田智子）

> 「戸惑いの正体」を見つめることは，被災者救済や「復興」を考える上でとても大事なことなのでしょうネ。

ナラティブ㉙
『溺れかけた兄妹』を教材として

> ナレーターは、附属池田小学校の元安全主任です。

　ある日、道徳を研究教科にしている女性教員が、私のところに一冊の雑誌を持ってきて、ページを開きながら言いました。
　「これ、ある中学校でなされた道徳の授業実践記録なんだけど、なにか松井さんの安全の授業に似ているなと思って」
　そこには、有島武郎の『溺れかけた兄妹』を題材にした、道徳の授業実践記録が載せられていました。

■ 『溺れかけた兄妹』あらすじ

　夏の終わりのある日、「私」と妹、友人Aは、「私」の祖母が「この時期の海は荒れるから、泳ぎに行くのは止めなさい」というのも聞かず、3人で海に出かけた。泳ぎ始めて間もなく、海は時化はじめ、少しずつ沖に流されていることを感じた。岸に向かって泳ぎ始めるが、泳げど泳げど一向に岸に近づけない。焦燥感が募る。ふと「私」は、妹があまり泳げなかったことを思い出し、沖を見た。妹は、どんどん沖に流され、波間に見え隠れするほどだった。妹は、「私」に助けを求めているようだった。しかし「私」は、妹を助けに行こうとせず、岸に向かって必死になって泳いだ。ようやく岸にたどり着いた「私」は、大声で叫びながら助けを求めた。通りかかった地元の漁師が、泳いで妹を助けた。岸にたどり着いた二人は、息も絶え絶えに疲れ果てていた。妹は、「私」をじっと、恨めしそうに睨んでいた。

この道徳の実践記録には,「授業の最初は,『私』は妹を助けなくてもよかったという意見をもつ生徒が若干名いた。しかし話し合いを重ね,最終的には,全員が妹を助けるべきだったという意見に変わった」とありました。道徳の授業として,道徳的心情を大切にするというこの実践の結末は否定できるものではありません。しかし,安全の観点で見たとき,「道徳的心情」を超えた扱いもあるのではないか。そう考え,「溺れかけた兄妹」を題材にした安全教育の授業を構成し,実践したいと考えました。

■授業の流れ
○『溺れかけた兄妹』を読み聞かせる。
○「私」は妹を助けるべきだったか,助けないでよかったかを意思表示する

> 意思表示させる際に大切なのは,自らの手でネームプレートを置き,自分の意思,判断を認識させることです。実際に判断しなければならない状況のような,緊迫感も増します。

○自らがポイントとした理由を発表し合う。
○「行為別水難災害死傷者数」のデータ読み取りを行う。

> このとき,「二次災害」に注目させます。年齢が上がるにつれて増える「二次災害」とは何だろう? という疑問から,助けようとして亡くなったのだという事実に気づかせます。

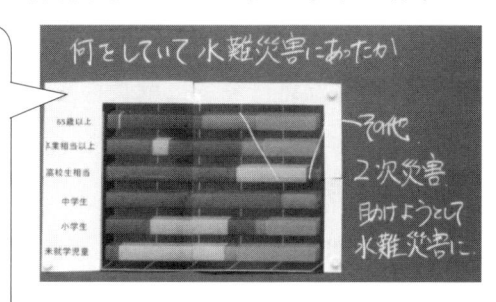

○そのあとで，もう一度，ネームプレートの位置を動かしてもよいことを伝える。

■児童の様子から

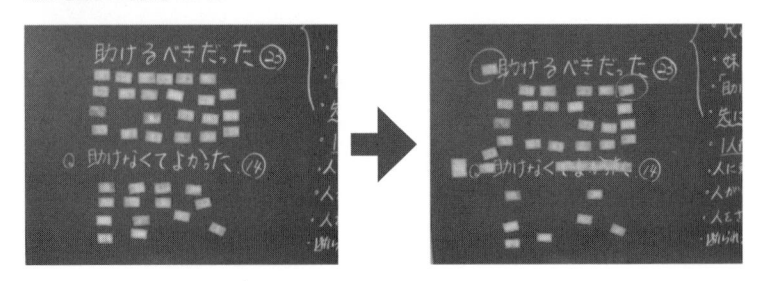

データの読み取りを終えたあと，「もう一度，さっき置いたネームプレートの位置を動かしたい人は動かしてもいいよ」と伝えたとき，子どもたちの中から，うめきにも似た声，頭を抱える様子が見られました。そして一人，二人と黒板に来て，悩みながらネームプレートを動かしました。このとき，子どもたちの中に何が起こっていたのか。それは，助けたいという「道徳的心情」と，この授業で学んだ二次災害のおそれとの狭間に生じた葛藤でした。そして驚いたことに，ネームプレートを「助けるべきだった」と「助けなくてよかった」の境界線上に置く児童が何名かいたのです。どうしてかと問うと，こう答えました。「その時になってみないとわからない。」

この言葉は，授業の中で判断し，自分の立場を明らかにすることができず，その場しのぎの言葉のように聞こえます。しかし，私にはそうは感じられませんでした。本当に，「その場」でないと判断できないと感じたのではないでしょうか。波の高さ，まわりの状況，大切な人を助けたいという，その場の切迫した状況。それらが相互作用し，判断するのだという臨場感を子どもたちが感じていたからこその言葉であったように感じたのです。子どもたちは，安全

な行動と,命を守りたいという心情の間の葛藤を「実体験」したのです。安全教育のポイントは,こうした「実体験」にあるのではないかと,あらためて考えさせられたのです。

(松井典夫)

> 「その時になってみないとわからない」というのは,子どもの正直な実感なのでしょう。しかしそれでいいのかどうか,安全教育は奥が深いのですネ。

ナラティブ 30 この町で生き続ける子どもたちとともに

> ナレーターは，震災の町で子どもと一緒に生き続けました。

■阪神・淡路大震災に遭遇して

　1995（平成7）年1月17日，あの阪神・淡路大震災が，私たちの小さな美しい町，芦屋を襲いました。当時，私は三条小学校の1年1組36人の子どもの担任教師でした。早朝5時45分，大地が大きく唸り，地中深くから突き上げられるようなゴゴッゴゴッゴゥーという大きな揺れとともに，子どもたちの日常生活は大きく変わりました。連休明けの平和な1日になるはずだった火曜日は，想像もできないほどの悲しい朝になってしまったのです。

■避難所としての学校とは

　当時の小学校は避難所の指定は受けていましたが，今日のように防災倉庫もなければ食料や医療品の備蓄もありません。地域の多くの被災者が，長期にわたり学校で住み続けることは，想定外のことでした。広い運動場には倒壊する建物がないため安全だろうと考えられた程度だったのかもしれません。

　震災直後の三条小学校の様子と当日の子どもの様子を，けいこさん（仮）の日記の一部でお知らせします。

> 　火よう日は，大じしんでした。そして，たんすがわたしの上にたおれました。でも，からだの上におちたからよかった。おとうさんに，たすけてもらってよかったです。そして，おとう

さんは，わたしを赤ちゃんみたいにだっこしながら，かいだんをおりていきました。おかあさんとおとうさんとわたしは，エイリアンパニックでした。キッチンに二かいからおちてきたものがありました。ろうかでふくをパジャマの上にきました。でんきがきれてて，水もすいどうからでなくなって，ストーブもつけられません。

　三じょう小学校へ行くみちに，大きなひびがありました。三じょう小学校には，だあれもいませんでした。うんどうじょうに，どこへいくかしらない人が，もうふ１まいだけで，すわっていました。こわがっているコイとウサギとだけいました。

■学校教育再開と子ども間のギャップ

　震災から２週間が経過した２月２日は三条小学校の再開日でした。私のクラスで登校した子どもは，たった10人でしたが，みんなで恋人たちのように抱き合いました。登校する児童の数は徐々に増えていきましたが，じつはこれが，被災地での長い厳しい学校生活のスタートだったのです。

　まず，被災地では学校へ登校すること自体が，安全ではありません。余震で家屋や壁が，いつ崩れてくるかわかりません。高速道路が倒壊し幹線道路が通行止めになり，生活道路にまで車が入り込んでいます。倒壊物の撤去工事が始まり，粉じんが舞い上がり，屋外の空気は子どもの気管や肺を痛めます。さらに復旧工事により通学路がたびたび変更されています。大人は，自分の生活に精いっぱいで，通学路を見守る余裕はありません。高学年は，休校による勉強の遅れを取り戻すために，下級生の下校につきあってはくれません。

　ひと月もたつと，震災による被災格差により，子どもの生活に現れてきた新たなひずみが課題になりました。これ

は，震災から時間が経過しライフラインが回復するにつれて顕著になり，子どもの間に，ねたみやいじめの芽を生じさせました。「どうして，あの子だけ物をもらえるの，ずるいよ」「どうしてあの子だけ遅刻しても先生は注意しないの，えこひいきだ」と言います。同じ校区であっても，住む場所がなくなり避難所暮らしの子どもと，家が残った子どもの生活はまったく異なります。親の収入が激変した子ども，家族が負傷した子ども，一人一人の状況がまったく異なります。自分自身の急激な生活環境の変化が，子どもにも見えにくくなっていました。「大震災でみんなが被災しているのだから，子どもも我慢するのが当然。みんないっしょなのだから……」という空気が町全体に漂っていたからかもしれません。

■ "被災地でいのちと向き合う"教育とは

　私は"被災地でいのちと向き合う"教育が大切だと考えているのですが，この教育とは，なにかイベントのような特別授業のことではありません。毎日の平凡な授業の狙いや生活の目当ての中に，教師自身の"この町で生き続ける子どもを育てる"という願いをそっと入れ込むことなのです。それは「町への愛着」という薄っぺらな言葉では表現できないものなのです。

　では，阪神・淡路大震災後に，私が子どもと一緒に歩んだ"被災地でいのちと向き合う"取り組みをみなさんにお話しします。幸いにも私は，次の年にも同じ子どもたちの2年1組を担任することになりました。家庭と連携して，震災直後は次の二つのことを大切にしていました。一つは自分の身近な被災地を直視し，お互いの生活を伝え合うこと，もう一つは避難せず町に残った人と親しくなり，この

町の未来を語ることです。

(1) 被災地の現実を直視し，生活を伝え合う

　まず，学校の屋上から町を眺めました。あちこち遠くまでずうっと空き地が広がり，町は青いシートに覆われています。その後，ひたすら子どもと一緒に危険で不安な校区を歩いて回ります。従来なら管理職や保護者から「校外へ出る許可は申請したか，安全確保の要員は十分か，何時に帰校するのか」と細かな注意がありますが，不思議なことに誰も私たちのことを気に留めません。うろうろと，子どもと教師が被災地を歩いていきます。

　いかに危険であれ，子ども一人で判断して通学路を歩かなければ，毎日の登下校はできないのですから，私と子どもにとり，この学習活動は命がけです。自分の足で歩いて，通学路や町を見る活動で気づいたことを，自分の生活と関連づけて語ります。さらに，書いて伝え合う学習を何度も繰り返しました。

　校区を回りながら，まず私が"町の現状と願い"を教師として語ります。「今年もこの家はみかんが豊作だけど，いまは食べる人がいないのが寂しいね」「ここで挨拶していた白い小犬は，家族に置き去りにされて鳴いていたけど保護されたよ」「この井戸には，寒い日も多くの人が並んでいたよね。大切な水だったよね」などと語ります。すると，子どもたちは自分の家のあった場所に来ると，震災当日やその後の生活と思いをとつとつと話し始めるのです。語りは「ここでね，おばあちゃんが死んだの，足が折れていたの」と重いつぶやきもあれば，「おかあさんがやけくそでビールをラッパ飲みしてね。余震が怖くてぼくの宝箱はずっと外に置きっぱなしだった」と少しホッとする話もあります。友達の家のその場に立ち，本人から語りを聞き

ます。語り手はさらにそれを書き残すことで，自分自身の生活を再認識します。こうして聞き手は，仲間の今の現実の生活を共有します。さらにお互いを認め合うことにより，子どもは被災格差によるひずみをゆっくり，ゆっくりと乗り越えていったのです。

(2) 地域の人と顔見知りになり，町の未来を語ること

　低学年児童が，たびたび被災地をうろうろしているわけですから，人がよく声をかけてくれます。「この道は通れんから，あっちを回りなさいよ」「公園の風呂に今日も来るのか」「おなか痛いのは治ったか」「またお店始めるから，お母さんと寄ってね」このような関係ができたあとで，子どもに投げかけます。「この町がもとの姿に戻るころは，みんなは大人かな。20年後，どんな町にしたいかな」……。この活動は，被災地の自分の生活語りから，この町の未来語りへと発展していきました。

　この取り組みは，「通学路の橋はなぜ落ちたままなのか」「校庭の仮設住宅は住みやすいのか」「被災動物はどこへ行ったのか」などの総合的な課題解決学習へと展開していきました。

> 安全教育の根っこには「いのち」と向き合い「いのち」を語る，ということがあるようです。

■ 学校安全は"いのちを語る"教育から

　最近，自然災害やいじめによる自殺などが相次ぎ，「学校安全教育」「いのちの教育」などの言葉をよく耳にします。しかし，私はこれらが特別な教育だとは思っていないのです。教師が絶えず"今を生きている自分のいのち"を語り伝え合うこと，そして，それを日常の教育活動全体に継続的に位置づけ実践すること，それが「学校安全教育」「いのちの教育」の中心になるのだと思うのです。それは，いわば「いのち」と向き合う教育であり，そこでは，私たち

が自らの生き方を子どもたちとともに語ることが欠かせないと思っています。　　　　　　　　　　　　（松田智子）

ぼくは　がっこうにいく　とちゅうで　いちょうのきに　のぼりました。　こうえんのきのちかくで　ちいさいえきがありました。　したのほうに　えがありました。　それを　えがつぶれていました。　それで　えがつぶれませんでした。

ナラティブ 31
リスク・マネジメントとしての学校安全

> ナレーターは，行政，自治体，教育機関から民間企業のリスク・マネジメント専門家です。

　みなさんの学校の「危機管理」とは何かと，考えたことがありますか。毎日実践していますか。「自分の学校に危機なんて起こるはずがない」と思っていませんか。「危機管理」を導入しているし，起こるはずがないと思うことが危ないのではないでしょうか。

　みなさんの学校にも「危機管理」は必ずあります。「危機管理」は学校と子どもたちを守る武器であり，組織運営の基本でもあります。だからこそ，すべての学校に「危機管理」は導入され，さまざまなケースを想定した「マニュアル」まで備えているのです。しかし，実際には毎日の新聞報道やテレビ等のニュース報道が伝えているように「危機管理」に失敗した事例が，ちまたにあふれているのが現実です。

■「危機管理」は「管理」ではない。ふだんのみなさんの仕事と考えよう

　「危機管理」は「管理」でしょうか。もし「管理」であるならば，担当者が必ずいるはずです。学校では校長・教頭らでしょうか。では，一般の教職員が「危機管理はトップの仕事であり，私の仕事ではないよ」と考えてしまったらどうでしょうか。いや，これが現実なのでしょう。だからこそ「危機管理」があるはずなのに事件・事故や不祥事

が起こり続けているのです。

　では,「危機管理」を「危機」を起こさないための, 起こった際の対応のためのものであるのではなく, もっと幅広いものなのだと考えてみましょう。毎日の教務活動のすべてに「危機管理」が必要なのだと全員がいえることが「危機管理」の第一歩だと思ってください。校庭にも, 校舎にも, みなさんの授業の中にも, 放課後にも, 課外授業にも, 遠足などにも危機は潜んでいるのだと考えることが必要だと思ってください。

■危機を防止する,「7つの行動指針」

　「危機管理」を「管理マター」と考えないことから, みなさんの「危機管理」をスタートさせましょう。そこで学校と全教職員にわきまえてもらいたい「7つの行動指針」を紹介します。

①「絶対はない」を全教職員の共通認識とする

　危機・リスクは, どこにでもあり, いつ起こってもおかしくないと心得ることが「危機管理」の第一歩です。規則を定め, 罰則を決め, 研修を行っても, それらを守らなければだめだと思い, 常に「守る心」を発揮することが必要なのだと心得てください。「ここまでやったから絶対に安心だ」「うちの学校に起こるはずがないよ」は, 忘れてください。

②「コンプライアンス意識」をもって仕事にあたる

　「コンプライアンス」(compliance)は「法令遵守」「倫理・法令順守」などと訳されていますが, 法令も倫理も守って当たり前です。名詞のコンプライアンスの語源は, 動詞の「コンプライ」(comply)という言葉「要求に応える, 応じる」という意味が隠されています。みなさん自身のコン

プライアンスも，学校のコンプライアンスも「児童生徒や保護者らの要求に応える」ということなのです。

「コンプライアンス意識」とは，直面しているその問題について，社会・市民の視点や常識からみて，「問題にならないだろうか？」「本当に大丈夫だろうか？」と，"首をかしげる意識"（疑問をもつこと）だとわきまえてください。みなさんの学校に存在する"職場の風土"や常識を基本に判断しないでください。

③「異変センサー」で，リスクを"芽"の段階でつぶす努力をすること

「1件の大きな事故，アクシデントの裏側には，29件のインシデント，つまり軽微な事故が起こっていて，その間には，なんと300件のイレギュラリティー，異変や異常（「ヒヤリ・ハット」）が潜んでいる」という「ハインリッヒの法則」はご存じですよね。

しかし，この法則の真意は意外と知られていません。「ヒヤリ・ハットに全教職員が気づき，気づいたら対処し続けていけば，1年間に300件あったヒヤリ・ハットを300件以下に抑えることができ，インシデントも29件に達することがなく，1件の大きなアクシデントを未然に防止することができる」という意味なのです。これこそが，発表後80年以上も生き続けている「ハインリッヒの法則」なのです。そのためにこそ，ヒヤリ・ハットを見つける「気づく心」，異変センサーの感度アップと，気づいたら「行動に移す心」が求められているのです。

④「風通しのよい職場づくり」を徹底する

異変センサーでヒヤリ・ハットに気づいても「校長，間違っていますよ。止めましょうよ」と言えなければ，校長も学校も危機を招いてしまうでしょう。気づいても，上司

> 「ハインリッヒの法則」は学校安全の大原則の一つ。ナラティブ2でも紹介されています。

や同僚に諫言・注意ができなければ，危機は起こってしまうのです。

　そのためには職場の風土を変える必要があります。上司は「聞く耳」をもっていることと，部下は「話す，諫言や注意する」意志と行動が求められていることをトップダウンで全職場に徹底させることが必要です。

⑤「三猿主義」はリスクの温床だと認識する

　「見ざる，言わざる，聞かざる」の「三猿主義」は捨ててください。異変センサーで見つけ，見つけたら諫言・注意し，言われたら聞き，行動に移すことが必要なのです。この「見る，言う，聞く」の「新三猿主義」の徹底こそが学校という組織と，そこに働くみなさん教職員に求められているのです。

⑥「喉元過ぎれば熱さ忘れる」を再認識しておく

　危機管理に「二度起きたことは三度ある」はありません。「一度起きたことは必ず二度起きる」と思う心が必要です。みなさんの学校には先輩諸氏がつくり上げてきた「風土」がしっかり根づいているはずです。風土が変わらなければ，変えられなければ，同じ失敗が必ず起きるのです。

⑦「誇り」はもて！　ただし「驕り」はもつな！

　「大丈夫。よくあることさ。よそでもやっている」と安易に思うことこそが，危険の兆候なのです。易きに流れてはなりません。交通ルール遵守も同じです。「一時停止」「速度規制」いつでも，必ず守っていますか。急用があるから「行っちゃおう」ではだめなのです。当たり前のことが守れないこともあるのです。コンプライアンスも同じです。「誇り」をもって毎日の教務に従事してください。「誇り」をもてば「きっと誰かが見ている」「こんなことをしてはだめなんだ」と思いとどまれるはずです。

■「危機管理は自分と家族の人生や生活を守るためにある」

　教職員みなさんの危機管理と，学校という組織の危機管理は違うものと心得てください。＜組織のためだから＞と不正行為に手を染めていけません。失敗の原因はここにあります。あるいは「俺ひとり罰を受ければすむぞ」と安易に思わないでください。「何かのために」という成果至上主義的な考えをもってはなりません。

　みなさんは子どもたちの将来を担っている方々なのです。世間の意識は，みなさんを非常に高い地位に置いているのです。「校長，飲酒運転で逮捕」や「教師，痴漢行為で逮捕」と新聞の見出しに書かれてしまってはなりません。それらの記事には，必ず学校名・氏名・年齢・住所などが書かれてしまいます。学校で学ぶ子どもたちや保護者たちも市民も，その記事を読んでしまうのです。

　さらに，みなさんは退職後も，現職時と変わらず高い地位に置かれているのです。子どもたちの将来を担うという高尚な仕事に従事している方々なのだと，市民の方々にも，マスコミの記者にも思われているのです。だからこそ「元校長，飲酒運転で逮捕」や「元教師，痴漢行為で逮捕」と記事になっているのです。みなさんの肩書きは一生のものなのだとも心得てください。

■「気づく心」「話し，聞く心」そして「守る心」が危機管理

　危機・リスクは，この現代社会や情報社会において「絶対に避けることができないものだ」と心得てください。「想定外」と言わないでください。「想定外」とは，想定できずに失敗した後の言い訳にしかすぎません。「危機はどこにでもあり，いつ起こってもおかしくない」のだと心得てください。

なにか変だと異変センサーで「気づく心」。気づいたら上司にも同僚にも諫言・注意しようと「話す心」。諫言・注意されたら「聞く心」，そして「行動に移す心」とコンプライアンスを遵守し，家族を，自分を「守る心」をみなさんが全うできれば，結果として，学校で学ぶ子どもたちとともに学校という組織を守ることができるはずです。

> 「想定外」という想定は許されないということですネ。しかしそれは厳しいことですよね。

■**毎月1回1時間の会議で「危機管理」を定着させよう**

みなさんの学校に「危機管理」を徹底，定着させるために，ぜひ以下の会議を毎月開いてください。

①1か月に1回開催。校長以下全ての管理職も必ず参加

②職場の最小単位（5名前後に分かれて）で行う

③1か月の間でいちばん気になった新聞記事を全教職員が一つずつ持ち寄る

④「自分たちの職場に同じ事件が起こったらどうなるか」「防ぐためには」「起こさないためには何をすべきか」などを各グループで話し合う。1時間たったら終了

⑤上司は，絶対に会議の「結論」（報告書など）を求めてはならない

⑥他者の意見に「異」を唱えてはならない

1か月に1枚の記事を探すことで，「異変センサー」の感度がアップします。そして上司や同僚と話し合うことで「風通しのよい職場」が根づきます。結論は必要ありません。報告書などもいりませんし，指示してはいけません。この会議を続けていくことで「気づく心」「話す心」「聞く心」「守る心」が身につき，習慣になるのです。この会議を継続していくことで，学校に危機管理が定着するでしょう。すでに活用している学校もあります。

（伊原正俊）

ナラティブ 32
安全な学校づくりとしての ISS の可能性

> ナレーターは，中央教育審議会・学校安全部会のメンバーの一人でもあります。

■ International Safe School（ISS）とは

　International Safe School（以下「ISS」と略記）とは，スウェーデン王国のカロリンスカ研究所に設置されているWHO Collaborating Centre on Community Safety Promotion：WHO－CCCSP が推進している学校園（以下「学校」と略記）の安全推進を目的とした国際的認証活動の一つです。具体的には，明確な根拠に基づいた持続可能な安全推進の取り組みが実践されていると認められた学校を ISS として認証しようとする活動です。そして，その認証された学校間に，安全を協働して推進することを目的とした世界的なネットワークを構築し，相互にその成果を共有し高め合っていこうとする制度です。ここで重要なことは，この ISS の認証制度が「安全が確保された，安全が完成された学校」を表彰しようとする制度ではなくて，学校の安全について「教職員・児童（生徒・学生・幼児を含む）・保護者，さらには地域の人々が協力して，組織的かつ持続可能な学校安全の取組が実践されている学校，そしてその活動が着実に展開されるための条件が整備されていると認められた学校」，言い換えれば「安全をゴール（目標）とするスタートラインに立った学校」を ISS として認証して，その取り組みの発展を共に高め合おうとする制度であるという点にあります。ISS の認証状況をみると，2012（平成

24) 年4月現在で，全世界で既に72校が認証を受け，わが国では，大阪教育大学附属池田小学校が，2010（平成22）年3月5日に日本で初めてISSとして認証されました。

■日本におけるISS

　2012（平成24）年4月27日に中央教育審議会の答申を受けて閣議決定された「学校安全の推進に関する計画」において，「本推進計画の実施に当たっては，セーフティプロモーションの考え方に則り，科学的な根拠に基づいた施策を進め，評価もできる仕組みが必要である。そのため，学校現場の負担に十分配慮しつつ，学校における事件・事故災害の情報を適切に収集し，その分析に基づき，将来の事件・事故災害の減少につなげる実証的な取組がなされることが重要である。また，安全推進に関わるさまざまな機関が連携し，取り組んでいくことが重要である。その際，インターナショナルセーフスクール（ISS）の取組などにも留意すべきである」と，わが国で初めてISSの重要性が公文書中に明記されました。この表現が契機となって，わが国でもISSに対する注目が急速に高まりつつあるところです。

■ISSの認証プロセス

　ISSの認証を受けるためには，認証を希望する学校において，基本的には以下の①〜⑦に記載した手順に従ってISSの取り組みを進めていくことが必要とされます。

①学校長のリーダーシップのもとに，ISSの認証取得をめざした取り組みを開始することを，教職員・児童（生徒・学生・幼児を含む）・PTA・地域住民代表者等との間で共有します。

②International Safe School 認証センターの指導と協力を受けながら，学校保健安全法に規定されている年間学校安全計画の中で各学校が策定している具体的な学校安全の推進に関わる取り組みを個別に整理します。

③表1に示した「International Safe School の7つの領域」を参考に，各学校が策定している学校安全の推進に関わる具体的な取り組みが，それぞれ「7つの領域」のどの領域の活動に該当するのか分類します。

表1．International School の7つの領域（日本ISS認証センター版）

領域	主な領域内容
領域Ⅰ：安全管理	施設・設備の安全対策，安全点検
領域Ⅱ：外傷予防	身体的外傷予防，心理的外傷予防
領域Ⅲ：犯罪予防	不審者対策，誘拐対策，連れ去り対策
領域Ⅳ：生活指導	いじめ予防，薬物乱用防止，ネット被害予防
領域Ⅴ：災害予防	地震対策，風水害対策，火災予防
領域Ⅵ：交通安全	交通事故予防，交通安全指導
領域Ⅶ：組織活動	地域連携（保護者・地域住民・地域資源）

④「International Safe School の7つの領域」に分類された学校安全の推進に関わる具体的な取り組みごとに，表2（127ページ）に示した「International Safe School の8つの指標」に示された8段階のプロセスに該当する対応が行われているのか確認します。例えば，「領域Ⅰ：安全管理」に含まれる「安全点検」であれば，「8つの指標」に基づいて，「校内安全点検の実施を担当する組織が校務分掌中に位置づけられているか」「校内安全点検に関わる方針（ポリシー）が規定され，関係者（教職員，児童・生徒等，保護者など）に周知されているか」「校内安全点検の達成目標（短期目標〔1年間〕・中期目標〔2年間〕・長期目標〔3年間〕）が明確になっているか」「チェックシート等により，校内安全点検の実践を確認する手段が講じられているか」「校内安全点検の結果を評価する方法に客観性や妥当性があるか」「校内安全点検の結果が集計され，その後の学校における安全推進をめざした対策に活かすために活用されているか」「校内安全点検により明ら

表2. International Safe School の8つの指標 (日本ISS認証センター版)

指標1 組織	教職員，児童・生徒・学生及び幼児，保護者や地域関係者が，「ISS」の取り組みに主体的に参加し，連携して協働するための組織が校務分掌上に位置づけられている。
指標2 方針	文部科学省の「学校安全の推進に関する計画」や地方自治体における安全・安心なまちづくりの理念などを参考に，学校独自の「ISS」の取り組みの方針（安全指針）が規定されている。
指標3 策定	児童・生徒，学校の立地環境や組織・規模に関わる特性や課題などを考慮した「ISS」の達成目標が，短期・中期・長期ごとに策定されている。
指標4 策定	危険の発生が危惧される，もしくはその影響を受けやすいと想定されるすべての集団や環境を対象とした「ISS」の取り組みが策定されている。
指標5 評価	「ISS」の取り組みの経験と成果に対して，明確な根拠に基づいた評価が行われている。
指標6 対策	学校の管理下で発生したすべての災害（負傷・疾病，不慮の事故，意図的な暴力や自傷行為等によるものを含む）の発生状況や原因等を記録・分析し，その後の対策の資料として活用している。
指標7 対策	「ISS」の取り組みの経験と成果に対して，客観的な尺度を用いた測定・判定が実施され，実証性のある評価に基づいた対策が展開されている。
指標8 共有	各地域や国内外での「ISS」の取り組みに積極的に参加して先進事例の収集に努めるとともに，自校の実践経験の発信とその成果の共有に取り組んでいる。

かになった課題を教職員が共有しているか，そして他校の優れた取組があればそれを積極的に取り入れようとする努力が行われているか」といった「8つの指標」に基づく観点から校内安全点検を見直し，安全推進の取り組みとして不十分な「指標」があるかどうか確認します。

⑤ International Safe School の「7つの領域」と「8つの指標」から構成された「42項目の Benchmark Matrix」（表3, 128ページ）を参考に，各校で実施している具体的な学校安全推進に関わる取り組みを「領域」ごとに当てはめます。そして，その「領域」ご

表3. 42項目のBenchmark Matrix (日本ISS認証センター版)

	指標1 組織	指標2 方針	指標3・4 策定	指標5 評価	指標6・7 対策	指標8 共有
領域Ⅰ： 安全管理						
領域Ⅱ： 外傷予防						
領域Ⅲ： 犯罪予防						
領域Ⅳ： 生活指導						
領域Ⅴ： 災害予防						
領域Ⅵ： 交通安全						
領域Ⅶ： 組織活動						

との取り組みについてMatrix上で確認し，不十分であったり欠落していると思われる「指標」部分があれば，具体的な対応を補塡することで「指標」の完成を図ることが必要とされています。ただし，はじめに述べたように，ISSは「安全が完成された学校」を認証する制度ではないので，ISS認証申請時点で，この42項目すべてが設定・完成されている必要はありません。

⑥ ISS認証をめざした取り組みを継続した成果に基づいて，International Safe School認証センターによる指導のもとに認定申請書を作成し，海外のInternational Safe School認証センターの審査員を含めた実地審査を経てISSとして認証を受けることになっています。おおよその目安として，学校としての意思決定からISS活動の実践を継続してISSの認証を受けるまで，18か月間程度の活動期間が必要とされています。

⑦ ISS認証の有効期間は3年間と規定されています。そのため学校がISSであり続けていくためには，International Safe School認証センターによる指導のもとに，3年ごとに再認証を受け，学校安全推進の取り組みを着実に継続していくことが必要とされています。

> 今後，ISSの認証を受けようとする学校の増加は，学校安全の推進につながっていきます。

■ ISS の可能性

　先に述べた「学校安全の推進に関する計画」において,「学校ぐるみの安全確保の取組を促す例として, セーフティプロモーションという概念を提唱する WHO 協働センターの指針に基づく ISS の認証を取得する取り組みが挙げられます。取得に向けた取組の中で, ①児童や教員などのけがや事故等の減少, ②『安全』という同じ目標に取り組むことによる日常的な活動の活性化, ③児童生徒等自らが危険を把握, 予測, 回避し安全な環境を構築する『安全力』の育成, ④学校を中心に, 児童, 教員, 保護者のつながりが強化され, 地域との連携により安全な『コミュニティ』づくりを推進, ⑤安全・安心に対する意識の高まり等のさまざまな効果が見られたとの報告がある」と紹介されています。まさにここに, 家庭・地域と一体となった安全な学校づくりとしての ISS の可能性が示されているものと期待しているところです。

　　　　　　　　　　　　　　　　　　（藤田大輔）

ナラティブ 33
高校における環境防災科の挑戦

> ナレーターは，兵庫県立舞子高校環境防災科の科長です。

■始まりかけた防災教育

　阪神・淡路大震災（1995）が発生するまでは，学校で行われていた防災教育らしき活動は，実際の災害体験に根差したものでもなければ，どんな教科にもある教育体系すら用意されていないお粗末なものでした。防災教育は，教科の授業に迷惑をかけないように，授業以外の時間を使って行う，パターン化した避難訓練でしかなかったのです。残念ながら，震災後も，ごく一部の被災体験地域と先進的，実験的に防災教育を進めていた地域を除いて，日本中が同じ状況にあったともいえます。そこにあの東日本大震災（2011）が発生したのです。私たちが考えていた防災教育の間違いや不十分さを，私たちは多大な犠牲を払ってやっと気づかされたのです。

　いま，多くの地域，学校で防災教育が始まろうとしています。しかし，南海地震や東南海地震，東海地震，首都直下地震等の巨大災害が危惧される地域，定期的に水害や火山災害に襲われている地域が中心であり，まだまだ全国的な広がりを見せているとはいえません。それでも，防災教育への関心の高まりは歓迎すべきことです。阪神・淡路大震災の後，一度は高揚しかけた防災教育への情熱は，時の経過とともに薄れてしまいましたが，同じ失敗を繰り返してはならないのです。

■三つの防災教育

　私は防災教育を重層的に捉えています。同心円の中心にあるのが，自分の命を守るための防災教育（survivorとなるための防災教育）であり，その外側にある二つめの円は，他者を助け，支援するための力を育む防災教育（supporterとなるための防災教育）です。そして一番外側の円は，市民として生きていくために必要な力をつけるための教育（市民力を育む防災教育）です。私は，災害時にもっとも必要とされる力は，臨機応変に判断し行動する力だと思っています。つまり，情報を集め，話し合い，判断し，表現する（行動する）力を育てることこそ，防災教育の目標なのです。さらに，災害時の助け合いは，日常のつながりがあってこそ，うまく機能していきます。このことは，例えば，災害時に障害者の支援を担っている人々が，日常時にどんな活動をしている人々かを考えれば，理解できるでしょう。このように考えると，一人一人の市民力を高めることと日常のよいつながりをつくっておくことが，災害への最大の備えになるといえます。

　舞子高校環境防災科は，命を守るためのノウハウの習得と思われがちな防災教育を，より広く，市民教育，人間教育にまで高めていく挑戦を続けているのです。

■「ハザード」「災害対応」「社会構造」

　舞子高校の防災教育では，「ハザード（災害を引き起こす危険性のある自然現象）」と「災害対応」，災害を受ける側の「社会構造」の三つの領域を学びます。

　スポーツでは，相手を知って自分の作戦を立てます。同じように，災害を引き起こす相手を知って，対策を考えるわけです。いまの高校では，地学をほとんど学ばせません。

> 環境防災科の挑戦から私たちは多くの大切なことを学ぶことができそうです。

大学入試に不利だというのがその理由のようです。地球に住みながら地球を詳しく知ろうとしない教育は，根底から間違っています。ハザードの学習は，地球に住む人間にとって必修科目なのです。

　二つめは災害対応です。対応と聞いて最初に思いつくのは災害時にどう身を守るか，つまり避難のあり方でしょう。地震が発生したら机の下にもぐるとか，津波警報が出たらすぐに（いや，長い横揺れを感じたらできるだけ速やかに）高く遠く避難するとか，そういった行動のことです。命を守る術を前もって知っておくことは，いざという時に慌てがちな人間を落ち着かせ，よりよい避難行動へと導いてくれます。従来の防災教育では，この部分だけがクローズアップされ，しかもその具体化が避難訓練だけという，かなりお粗末な状態でした。東日本大震災を受け，この部分をより洗練させていこうという取り組みが各地で始まっています。

　命を守る方法を学ぶことは大切なことですが，忘れてはならないのは，身を守ることだけが災害対応ではないということです。命が助かれば，救出救助や避難所の運営などのボランティア活動に従事することも十分考えられます。その時のために必要な知識や技術を身につけておくことも大切です。さらに長期的な視野で，例えば，避難所や仮設住宅で孤独な思いをもっている人とどう関わっていくのかなど，復旧期・復興期での支援のあり方を学んでおくことも，防災教育の範疇に入ります。

　三つめが社会構造です。災害の規模は，ハザードの強さと社会の防災力の強さ（裏返せば脆弱性）によって決まります。ハザードの攻撃を受ける側の社会構造を，ハードとソフトの視点で学んで，きちんと備えておこうという勉強

です。
　そして，忘れてはならないことは，これら三つの要素を，過去と現在の災害の事実と教訓をもとに学んでいくことです。

■体験とネットワーク
　防災教育の担い手は，災害体験をもたなければならないと，私は考えています。そういわれると，多くの人が困惑するかもしれません。もう少し丁寧にお話ししましょう。災害体験は三つに分けられます。一つめは直接被災体験です。災害を実際に体験した人の中には，命の大切さや助け合い，思いやりのすばらしさなど，私たちが大切にしたい価値を生徒に発見させる防災教育を実践している人がいます。二つめは直接支援体験です。被災地でのボランティア体験があって，防災教育にのめり込んでいる人はたくさんいます。そして，三つめは，直接被災者と直接支援者から学ぶ姿勢をもっている人です。学び，教材化する，つまり，災害を代理体験し，授業をするわけです。その気になれば誰でもできるのが防災教育なのです。
　環境防災科の授業には，外部講師の授業や校外学習があります。例えば，こんなことがありました。ある消防士が，「ある病院でのレスキュー隊の隊長をしていたけれども，救い出せなかった命がある」と吐露し，号泣したのです。その話を聞いていた生徒の中に，その病院で母を亡くした生徒がいました。この出会いが，生徒の心に大きな変化を生みます。母を奪った震災の話を避けていた気持ちを見つめ直し，母を救おうとした人がいるという事実を通して震災ともう少し向き合ってみようと決めたのです。私はこのとき，生徒に本物の体験，本気の大人と出会う機会を与え

ることの大切さがわかった気がします。

　魂を揺さぶる体験を生みだすには，ネットワークが必要です。学校現場は閉鎖的ですが，環境防災科は，NPO，NGO，行政，専門家等，多くの人々とつながっています。そのつながりが生徒たちに体験の場を与えるのです。そういった体験をいくつ提供できるかが防災教育の質を左右するといってもいいでしょう。

　防災教育を実践する教師の仕事は，災害の実態を学んで教材化し，子どもたちの魂を揺さぶることなのです。

■災害ボランティア

　東日本大震災が発生した2011年3月，生徒たちは募金活動を始めました。地元の垂水駅東口一か所に絞って，一日3時間，3週間ぶっつづけで生徒たちは声を張り上げ続けました。そして集まった金額が840万円。額の大きさに驚くと同時に，募金を集める生徒たちに年配の方々がかけてくれた言葉の重みをかみしめました。「これは，あの時のお返しやからね。必ず送ってや」。阪神・淡路大震災を知らない高校生たちは，この言葉をどう受け止めてくれたのでしょうか。

　被災地には何度も出かけました。一番長かったのは5月7日から6月3日までの4週間です。環境防災科の三つの学年と普通科の選抜チーム，合計4チームが1週間ずつ，廃校となった小学校の体育館で，三食すべて自炊の合宿をしながら，東松島市の住宅街で泥かきをしました。愚直に仕事に精を出す高校生に，被災された方々は親近感をもたれたのか，辛い体験を話してくれました。人が死んでいく話がほとんどです。生徒の中には涙を流しながら聞いていた者もいます。その涙を見て，ある女性が言いました。「泣

くな。笑え。泣くのは私たち被災者の仕事だ。若い子は笑っていてくれ」。彼女は，一緒に泣いてくれる若者に希望を託していたのでしょうか。でも，1週間の活動期間が過ぎると，生徒たちは帰って行きます。「ありがとう。きれいになったよ。でも，帰ってしまうんだね。寂しいな」別れ際にはいつもこんな言葉をかけられました。津波だけがこの寂しさをもたらしたのではありません。人口の都市集中と周辺部分の過疎化など，日常時の課題が災害時にクローズアップされ，被災者に厳しい現実を突きつけているのです。だから，夏にもう一度行きました。泥かきをさせていただいたお宅を訪問して，話し込みました（実際は，お菓子とお茶をいただきに行っただけですが）。そして，被災者の，泥かきが終わったときのあの笑顔に再び接したのです。「神戸の孫が来てくれた」と喜んでもらえたのです。生徒のなかにはときどき電話をかけている者もいました。つながりと簡単にいうけれど，何もできないとあきらめる人が多いなかで，自分にできるつながりを生徒たちは確立していったのです。

(諏訪清二)

> ここには防災教育のあるべき姿が力強く示されています。

ナラティブ33

ナラティブ 34
防災安全教育のカリキュラムはこうして創る

> ナレーターは，総合学習のカリキュラムの専門家です。

■防災安全教育との関わり

　私が初めて防災安全教育に関わったのは1983（昭和58）年5月26日の日本海中部地震です。小学校児童13人が遠足先の海岸で津波に遭い，尊い命を失いました。当時，私は大阪大学人間科学部の助手でしたが，同学部が文部省（当時）の科学研究費自然災害特別研究に関わっており，その一環として，教師教育用の教材開発を担当していました。震災時の学校や子ども，教師の実態や対応を把握するために，他講座の佐古秀一助手（現鳴門教育大学教授）と翌朝一番に空路で現地入りしました。約10日間で秋田県内十数校の小・中学校の訪問調査を行いました。

　地震発生時の管理職や教師の対応，校庭への避難のタイミングと指示内容，学校から自宅に帰す際の判断と対処のタイミングと内容，日頃の防災教育や防災意識などにおいて，いかに学校間に違いがあるかを痛感しました。学習指導要領やそれに準拠した教科書を使用し教育活動を展開しているわが国において，一瞬にして起こった地震の直後及びその後の学校間の考え方や取り組みの差異はとても衝撃でした。

　翌年の9月14日には長野県西部地震が起きました。被災地の大滝小中学校を拠点に調査活動を行い，教師教育用の地震防災パッケージ教材を開発しました。また，1995（平

成7）年1月17日に発生した阪神・淡路大震災では，神戸市教育委員会に依頼され，小・中学校の防災教育のカリキュラムづくりと副読本（小学校版2冊，中学校版1冊）の開発に関わりました。そして，2011（平成23）年3月11日に起こった東日本大震災では，岩手県教育委員会の復興・防災教育のカリキュラム開発に関わっています。この一連の研究や調査をもとに，防災安全教育のカリキュラムづくりのポイントについてお話ししていきましょう。

■**新たな開発よりも，取り組みの見直し，改善，工夫を**

　防災安全教育は目の前の子どもたちの命を守るうえで，また子どもたちが将来遭遇するかもしれないさまざまな災害に対処するための力を育成するうえできわめて重要な課題です。しかし，学校教育が抱えている課題や扱っている教育内容はあまりにも多く，防災安全教育だけを特化して取り組むことは難しいでしょう。私は現行の教育活動の見直し，改善，工夫を勧めています。

①**教科指導の見直し**

　現行の教科学習の中にも防災安全教育に関わる目標や内容が多く含まれています。例えば，小学校5年生の各教科等の内容を見てみると，国語では「的確に話す，相手の意図をつかみながら聞く」ことが大切にされています。災害時においても正確に素早く伝えることが重要となります。社会科では「環境の保全や自然災害の防止」，理科では「流水の様子，天気の変化，自然災害等に目を向ける」が扱われています。これらの知識は日頃から防災体制を整えたり，災害のメカニズムを理解するうえで必要な知識です。「音楽を生かして，生活を明るく潤いあるものに」（音楽）や「日常生活に必要な基礎的・基本的な知識及び技能を身につけ，

身近な生活に活用する」(家庭),「心の健康,けがの防止及び病気の予防」(体育),「支え合いや助け合い。働くことの意義理解」(道徳),「諸課題を解決しようとする自主的・実践的態度」(特別活動)などは,災害時の特に避難先の生活において大きな力となるものです。また,小学校の外国語活動もきわめて大切です。日本語が十分に理解できない外国人に危険や避難場所を知らせたり,避難先において共同生活をするうえで不可欠なコミュニケーションの手段となるからです。

　まず,教師が各教科学習等を防災安全教育の視点から見直し,意識して取り組んでいくことが求められます。

②総合的な学習の時間の充実

　総合的な学習の時間の中で地震防災教育に取り組んでいる学校の6年生に次のような話をしたことがあります。

　「今日みなさんの取り組みを見せていただきましたが,全国で多分みなさんほど防災教育に取り組んでいる小中学生はいないでしょう。将来,みなさんは就職や結婚,旅行などでさまざまな県や国に散らばっていくかもしれません。そこでなんらかの災害に遭ったとき,みなさんがその場でリーダーシップをとり,その場にいる人をどうまとめていくかによって,多くの人が助かったり亡くなったりするかもしれません。教科と違って,取り組む課題は学校によって違います。環境のことに取り組んでいる学校もあれば,福祉のことに取り組んでいる学校も,健康のことに取り組んでいる学校もあります。違ったことを学んでいることにも価値があります。大切なことは,必要になったときに,各々が学んだ異なることを出し合い,認め合い,活かし合う関係づくりです」

　地域特性から総合的な学習の時間に防災安全教育を取り

上げることがあれば，学習成果を最終的には第三者に伝えることを勧めたい。低学年の子どもや地域の方に学習したことを伝えようとすることにより，それが借り物の知識としてとどまるのではなく，真に自分の知恵となるのです。防災安全教育に取り組んだ子どもたちが日本全国そして世界で活躍し，その場で災害に遭遇したときに，多くの人々を導き，助ける真のリーダーになることが期待されるだけでなく，人のつながりや思いやりの大切さ，日頃の心がまえを，身をもって伝えてくれることが望まれます。

③日頃の安全指導の工夫・改善

　かつて神戸市で中学生が小学生を殺害するという痛ましい事件がありました。先ほども述べましたが，ちょうどそのころに「防災教育の教材開発・カリキュラム開発」のプロジェクトで神戸市教育委員会に関わっていました。犯人が捕まって少し経ったときにも会合がありました。その席上で二人の小学校校長から興味ある話を聞くことができました。「事件が解決していない時点では保護者が子どもたちの登下校に付き添っていたが，事件が解決したいまでも違ったかたちで続けています」「家庭や店の仕事の中で，外でできることはできるかぎり子どもの登下校の時間にやろうと呼びかけ，心がけています」という発言でした。

　また，ある小学校では生活科で育てた花の一部を地域の施設（例えば，幼稚園や交番，お店など）にプレゼントし，その水やりを子ども自身が登下校時に行いました。登校時にはペットボトルに自宅の水を入れ，下校時には学校の水を入れて水やりをするのです。地域の人は「水やり小僧」がやってくるのを楽しみにして，家や店の外で待っていたと聞いています。

　いずれの場合も，毎日のように顔を合わせれば自然に挨

> 総合的な学習の時間を生かした安全教育のあり方は，今後さらに重要になってくるでしょう。

拶もするし，話も弾むでしょう。登下校時に地域の人たちがこぞって子どもたちを見守る体制が自然に出来上がっているのです。ちょっとの工夫や心がまえで，日常的な交流も可能になる。地域全体が子どもを見つめ，見守っていこうとするシステムづくりが求められています。

■自らの身を守る力をどう育てるか
①子どもがわが町を知る
　子ども自身が主体的かつ安全に活動できるためには，子ども自身が「町を知る」ことが大切です。例えば，総合的な学習で見られる「町の名人を探そう」といった単元では，子どもたちが町に暮らすさまざまな人に出会い，関わり，その人の仕事や得意なことを調べ，まとめる過程を通して，仕事やその人の生き方を学びます。ある小学校では4年生が大きな校区地図いっぱいに「町の名人さん」に関する情報を顔写真入りで整理し，それが壁に貼られていました。同様な取り組みは生活科でもよく行われています。生活科や総合的な学習の中で，子ども自身が「町を知る」活動を展開しておくと，主体性が引き出され，かつ安全面についても有効に働くこととなります。また，この成果物は災害時においても重要な情報となるでしょう。
②子ども自らが安全意識をもつ
　安全に行動する主体は子どもです。子ども自身に安全に関するワークショップをさせてみたことがあります。小学4年生が「ふせん会議でルールブックを作ろう」というワークショップに挑戦しました。校区にある海岸や川，町をフィールドにして環境に関する調査活動を行う直前に行ったのです。
　子どもたちは各自が，ピンクの付箋には「安全に気をつ

けること」，黄色の付箋には「人に迷惑をかけないために気をつけること」，水色の付箋には「準備しておくことやもの」を書き，互いの記述内容を読み比べながら「海岸や川」「乗り物」「町や店」など具体的な場面・場所ごとにグループに分かれて整理・構造化を行いました。「関係あるものや似たものを集める」「グループに見出しをつける」「合い言葉を決める」という手順を示したおかげで，初めてのワークショップにもかかわらずスムーズかつ活発に展開したのです。最後に，学級内で共有化のための発表を行いました。

　この手法を修学旅行直前に行い，大きな効果をもたらした学校もあります。教師に指示されて行動するのではなく，自分たちで考えて行動することにつながります。ルールやマナーを守ろうとする意識が高くなるだけでなく，たとえ自分たちが考えたルールブックにはない事態に遭遇しても，協力して対処できる子どもが育つことでしょう。

　いつ，どこで，災害に遭遇することか，わかりません。正しく判断し，素早く行動できる子どもを日常的に育てておきたいものですね。

（村川雅弘）

ナラティブ 35

学校安全，世界での取り組み

> ナレーターは，世界の教育事情に詳しい研究者です。

　学校に危機的状況をもたらす災害は日本に限らず，世界にも多くあります。災害には自然が生むもの（天災）と人が生み出すもの（人災）の二種類があります。ここではそれぞれの災害について，学校の安全を守るために，世界ではどのような取り組みがなされているかをお話ししましょう。まず，国際機関が取り組む防災学習の例から始め，その後，各国の天災と人災の学習の事例を，最後に今後の学習の方向性についてお話しします。

■国際機関の取り組み

　過去にどんな災害が起こってきたか，将来自分の暮らす地域でどんな災害が起こるのかを知ることは，とても大切です。

　天災には地震，洪水，干ばつ，山火事，台風，噴火，津波，大雨や大雪など多くの種類があります。

　人災にも，原子力発電所の事故や交通事故，殺人や誘拐，強盗などの犯罪，戦争や施設崩壊，体制崩壊やテロ，爆弾事件，そして学校内部のいじめや暴力事件があります。

　災害の種類や数は国や地域によって多様です。例えば日本でも，台風や大雪の多い地域もあれば，地震が頻発して火山の被害の大きい地域があるように，世界でも国や地域によって天災や人災の種類や頻度が変わります。

過去の災害の記録と体験は将来起こる災害の予測や減災に役立ちます。

　1980年代以降急速に進歩したコンピュータやインターネットの技術は，災害の記録や将来予測に大きな役割を果たすと期待されています。例えば，1988（昭和63）年にベルギー政府とWHO（世界保健機構）が協力して作った災害疫学研究センター（CRED, http://www.emdat.be）は，災害の国際的な電子データベースを作成しています。CREDの活動は，20世紀から現代にかけての災害をプロフィール別に記録し，科学研究に役立てるものです。1900年から現代までの傾向を見ますと，1980年代までは，少数の災害で非常に多くの人々が亡くなっていましたが，1980年代以降は，死亡人口は減少していますが，被害人口は増え続け，自然災害の数は増える一方の傾向にあります。

　また各国の災害経験は，学校や文化遺産，そしてなによりも人命を守るという視点から他国の，そして世界の減災に役立ちます。ユネスコは，その災害計画を防災，準備，対応，復興の四つの面で考え，タイやインドなどの防災教育プログラムの報告書を刊行しています。また，OECDは学校施設の安全性を保障して学習環境を創造する視点から，2003（平成15）年に学校の安全について「危機の教訓」という会議報告書を刊行し，その後も施設面から安全な学習環境づくりを研究しています。

■**天災についての問題解決学習**

　自然の災害がなぜ起きるのか，私たちは災害に対して何ができるのかを考えることが重要です。知識は不安を減らすと同時に，被害を減らすことにも通じます。

　多くの地域で毎年のように大きな被害をもたらす自然災

害が暴風雨です。日本では台風，アメリカではハリケーン，インド洋ではサイクロンと呼ばれる熱帯性低気圧です。アメリカを襲うハリケーンは中央アメリカや北アメリカのメキシコ湾岸に大きな被害をもたらしています。ハリケーンの中でも2005(平成17)年に1500人以上の死者を出した「カトリーナ」について学ぶため，小学校高学年から高校生向けの教材を見てみましょう。

　アメリカのESSEA（地球システム科学教育連盟）は，地球規模の天候変化についての教材を提供しています。この教材モジュールは，教師用，生徒用と各学年向けの利用マニュアルから構成されています。利用マニュアルは，問題解決学習の方法やESSEAが提供するルーブリックの説明がなされています。

　まず教師用では，ハリケーンについての概念の説明，利用できるデータ，学年ごとに利用できる関連資料とともに，当てはまる教育標準が示されます。アメリカでは教材がどの教育標準に対応するかが重要であり，ハリケーンの教材は，グレード5～12年の場合，調べ学習の，科学，生命科学，地球と宇宙科学，個人と社会への科学的視点といった標準に対応します。

　生徒用では，カトリーナがいつ，どのように生まれて，どんな過程で被害を生んでいったのか，他のハリケーンと比べて何が違ったかなどのシナリオが語られます。そこで，課題が与えられますが，この教材の特徴は，システム思考を求められるという点です。地球が，大気圏，生物圏，岩石圏，水圏から構成されたシステムであることを理解し，それぞれのシステム間の関わりを考えることが求められます。NASAをはじめとする科学機関が提供するデータの探索を行って，最初のシナリオについて読み取りと分析を

行い，議論を通して仮説やアイデアを論じ合います。そして，何を知ったか，何がわからないかを明らかにして，何をする必要があるかを考え，問題を記述します。各人がまとめた情報を集め，結果を発表する，という手順で学んでいくのです。すでに生じた災害の原因や過程を科学的に考える学習ですが，シナリオをよく読み，考えることを通じて，これから何ができるかを考える学習教材になっているのです。

■人災に対する取り組み

　アメリカではまた，反社会的行動に対する学校教育に大きな力が注がれています。ヴァージニア州の青少年犯罪予防研究センターやコロラド州のコロラドボールダー大学の暴力予防研究センターでは，行動科学の観点から実証的根拠に基づく効果的な教育プログラムが提供されています。一方，カナダもまた犯罪予防や学校内の危機管理に力を入れています。学校の安全への総合的なアプローチの例として，オンタリオ州ダーハム地域教育委員会が4～14歳の子どもたちを対象に行ったプロジェクト「共に道を照らそう」についてお話ししましょう。

　このプロジェクトの特色は，総合的アプローチとして学校の問題に家庭と地域が協同して取り組み，「安全と配慮ある学習コミュニティの創造」をめざした点にあります。そこでは，次の四つの目標を置きました。

　①学業（児童・生徒の高い学業成績水準への到達）
　②尊敬（児童・生徒に自尊心，個人の責任，他人への尊敬心を培う）
　③チームワーク（児童・生徒が有能なチームの一員として学校やコミュニティで働く）

④リーダーシップ（学校やコミュニティで児童・生徒が何かを変えるために自身が責任をとる機会を提供する）

　この目標実現のために，次のようなプログラムを実施しました。「愛の循環」は，読書への愛を奨励するために家族や友人と一緒に本を読む活動です。また，「あなたの選択」では生徒たちに多くの選択の機会を提供します。「私たちのスターを祝う」では学業，尊敬，チームワーク，リーダーシップ，奉仕の達成度で児童生徒を認め，名誉をたたえます。「健康的な出来事」では朝食をきちんととり，児童生徒が栄養や健康的な生活について学びます。また，「保護者のラップ」は学校や地域の事業に保護者を積極的に包み込む活動です。そして「尊敬のプログラム」は，児童生徒に自尊心をもつことの大切さと，友人や家族を尊敬することを教えるプログラムです。

　このプログラムが児童や生徒たちに，リーダーシップを生み，保護者や企業，コミュニティの参加を増やし，尊敬の文化を育みます。その成果を実証的に検証した結果，すべての実験校でいじめの発生件数が減少する一方，学業の向上も見られました。学業の向上と尊敬の文化の育成という目標は，防災教育を単に自然や人工的脅威に対応する教育と考えるのではなく，危機への脅威に対応できる知識とスキル，自律的な態度を備えた強い人間形成を目標とし，個人的な責任や人間としての自尊心・尊敬心を育てる基礎教育であることの重要性を示しています。チームワークやリーダーシップは人間関係の力や協同して生きる力を育み，緊急の場合にも学校や地域全体を支える力となるのです。

■ 国連防災世界会議と兵庫の「行動枠組 2005-2015」に学ぶ

　災害経験を踏まえ被害を減らす社会づくりのために私たちは何ができるでしょうか。この回答のために開催された国連防災世界会議が 2005（平成 17）年に日本の兵庫県神戸市で開催され，阪神・淡路大震災の経験や横浜市の知恵を活かした兵庫の「行動枠組 2005-2015」が採択されました。同会議では，国とコミュニティが災害への抵抗力を高める必要性を強調し，その方法を特定していますので，最後に教育の部分を参考にしましょう。

　同会議が提言した行動枠組では，すべてのレベルにおいて安全で災害に強い文化を構築するために知識とイノベーション，教育の活用が宣言されています。

　「人々が十分な情報をもち，防災や回復の文化に向けて意欲をもつ場合，災害は大幅に軽減できる。そのためには，ハザード，脆弱性及び能力に関連した知識や情報の収集と編成，普及が求められる」わけです。特に教育の活動として，「全てのレベルにおける学校カリキュラムの関連部分に減災の知識を含めることの促進と，青少年や子供たちに情報が届くようなフォーマル，インフォーマルな手段の活用の促進，減災を『国連持続可能な開発のための教育の 10 年 (2005-2015)』の本質的要素としての統合を促進する」ことがあげられています。学校における安全と減災の学習は今後の持続可能な社会づくりと密接につながるというこの精神は，安全学習の重要な方向性を示すものといえるでしょう。

　　　　　　　　　　　　　　　　　　　　（立田慶裕）

> 日本の安全教育も世界の取り組みから多くのことが学べるはずです。

ナラティブ 36 学校安全と大阪教育大学附属池田小学校事件

> ナレーターは，編者の私です。

　学校は安全な場所であるという，「学校神話」が大きく崩れ去ることになったのが2001（平成13）年6月8日，大阪教育大学附属池田小学校で8人の児童が殺され13人の児童が傷つけられるという事件でした。

　大阪府の北摂にある人口10万人の池田市は，昔からある緑の多い落ち着いた街です。そこにかつての池田師範学校時代からの伝統をもつ附属小学校があります。その小学校で突如8人の児童の命が奪われるという事件が起こったのです。

　2001年6月8日は，ずいぶんと天気のいい朝を迎えていました。午前10時すぎ，出刃包丁と文化包丁を緑色のビニール袋に入れて犯人が小学校敷地内に入ってきました。体育館の横で，犯人とすれちがった教師がいました。犯人とすれちがったとき，犯人が会釈を返さなかったので保護者ではないと思ったにもかかわらず，不審者という認識を十分にもてず，行く先を確認することもできなかったのです。当時はIDカードの着用といったことは発想すらされていなかったのです。

■その時，教師と学校は？

　出刃包丁を持ったまま，犯人はたまたま担任教師が不在であった2年生のクラスにやってきて，いきなり児童たち

に襲いかかり，5人の子どもたちの命を奪ったのです。その後，犯人は別の教室に移動しながら，次々と子どもたちを包丁で突き刺し，ついに8人の子どもを死に致らしめたのです。犯人が教室に侵入してから8人の子どもたちの命が奪われることになるまでは，わずか10分程度のことだったのです。

　犯人の侵入に気づき，犯人を取り押さえようとして自らも傷を受けた教師もいました。しかし，児童の避難誘導や警察への通報といったことについては，いまにして思えば悔やんでも悔やみきれないことばかりのこととなっていました。また，犯人の侵入から犯人確保までの間においても，学校全体としての状況把握と組織的な対処行動ができていませんでした。死亡した8人の子どもたちは即死ではなく，救命活動の遅れが死因に直結する失血死だったのです。子どもたちに対する組織的な避難誘導，適切な救命活動，搬送処理が行えず，被害を最小限にくいとめることができなかったのです。

■6月8日は，「学校安全」と「新しい誓い」の日

　こうした池田小学校事件以降，大阪教育大学では，毎年6月8日を「学校安全の日」とし，午後のすべての授業の始まりにおいて，池田小学校事件を語り伝えていく行事を行っています。また，池田小学校においては毎年6月8日に「祈りと誓いの集い」をもってきています。昨年（2012年）は池田小学校は事件から11年目を迎えました。池田小学校事件は学校安全を考えるうえでの忘れてはならないこととなっています。そこで昨年の「祈りと誓いの集い」での学校長の言葉を最後に紹介させていただきます。

「祈りと誓いの言葉」

　平成13年6月8日，この附属池田小学校において，不審者の侵入を防ぐことができなかったために，8人の子どもたちの尊い命が奪われ，同時に，13人もの子どもたちと2人の先生が傷つけられるという大変悲しい事件が起こりました。

　あの事件から11年目を迎えた今日，事件を決して風化させることなく，目の前にある「祈りと誓いの塔」が建てられたその深い思いを受け継ぎ，学校安全に関わる着実な取り組みとその発信を継続していく使命を改めて心に刻みたいと思います。

　今年3月の本校卒業式の式辞で，私は卒業生に「先生より先に死んではいけない」という言葉を述べました。これは，事件から10年間，ずっと心の奥にしまいこんでいた言葉でした。事件の時にこの学校にいた教員として，決して口にすることができない重い言葉でした。檀上でこの言葉を発しようとしたときの一瞬のためらい，それは，亡くなった子どもたちが6年間，この学校に在籍した意味を問い直した瞬間でもありました。

　事件で亡くなった子どもたちの卒業が近づいたころ，学校に，何本かの電話がかかってきました。自分の学校に事故で亡くなった子どもがいます。その子に対して，なんとか同じように卒業証書を渡したいんです……という相談でした。

　東日本大震災は言うまでもなく，交通事故や自然災害などによって，無事に卒業の日を迎えられない子どもは，決して少なくありません。

　今，ここに集うすべての人は，この現実から目をそらすことなく，そして，11年前の事件を忘れることなく，それぞれに課せられた使命を果たしていかねばなりません。

　以前，あるご遺族が次のようなことをおっしゃっていました。私の子どもは，決して，学校を安全にするために生まれてきたのではありません。しかし，大人たちが事件からいろいろ学ぶことによって，学校が安全になったんだと思いたい。

附属池田小学校では，亡くなった子どもたちも卒業までの6年間在籍することにしたのです。

亡くなった子どもたちにそれを報告したい。親としての，せめてもの願いなんです。

　この言葉にある学校とは，附属池田小学校だけを指しているのではありません。この学校さえ安全であればいいとか，この学校の子どもたちさえ無事でいてくれたらいいとか，そういう意味ではありません。ましてや，自分さえよければそれでいいというような現代の風潮とはまったく正反対の意味をもっています。

　事件当時の教職員は，二度とこのような悲しい事件が起こらないよう安全管理を徹底することと，いのちを大切にする教育を推進することを誓いました。

　教育の力によって，子どもたちが将来，人を傷つける側の人間ではなく，自他のいのちを大切にし，人を守る側の人間となるよう教育していこうと誓いました。これからも，この学校は，命の大切さを訴える，その発信源でなければなりません。

　そして，事件当時の児童は，不安な学校生活を送りながらも，学年で心を一つにして，友達と助け合い，何事に対してもあきらめることなく，自分を信じて前向きに歩んでいました。このつどいの最後に歌われる「一つの歌から」は，平成14年2月28日に行われた初めての祈りと誓いのつどいのときから，ずっと歌い継がれてきました。

　みんなの心が一つになることを願ってこの曲を選び，そして，たくさんの花と夢を咲かせようとがんばった子どもたちの思い，さらには，「ベストフレンド」を歌って，永遠の友情を誓った子どもたちの思い，「ビリーブ」を歌って，未来のとびらを開けようとした子どもたちの思い，それらのすべてが，今，そして未来に，この附属池田小学校に在籍するすべての児童に引き継がれていくものと確信しています。

　事件で亡くなられた8人のみなさん，あなたたちが大好きだったこの附属池田小学校は，日本中の学校とさらには世界中の学校と手をたずさえ，学校が安全で安心できる場所であるよう，これからも努力を続けていきます。

平成 24 年 6 月 8 日
　　　　　大阪教育大学附属池田小学校校長　佐々木 靖

祈りと誓いの塔

（長尾彰夫）

エピローグ

　いかがでしたでしょうか「学校安全 36 のナラティブ」。それぞれのナラティブは，短いものもあれば，少し長いものもありました。また，各々の扱っているテーマや視点も異なっていました。
　その多くは，こうすればよい，こんなすばらしいことをしたという成功談というより，ここで苦労していますとか，問題はそこにあるのでは，といった苦労話や話題の提供といったことになっています。
　読まれた方は，「なんじゃこりゃ」「どうせいと言うとるんじゃ」「何が言いたいのか，はっきりせん」等々と思われたかもしれません。ただ，それがねらいとまでは言わないまでも，それでいいのだとも考えていたのです。学校安全について，いろいろと考えてみる，そんなこともあるのか，なるほどそういえばそうかもしれない，とあれこれと学校安全について思いをめぐらせてみる。そして，学校安全についてこれまでとは違った関心をもち，ひとつ自分もやってみようか，こんな工夫があってもいいかも，といったことにつながる契機となれば十分なのです。

■**学校と教師の仕事は大変です**
　それにしても学校安全というのは，じつに重い課題です。学校安全は，言うまでもなく子どもの安全を守るということであり，行き着くところ子どもたちの命を守るということにまで至ります。「お子さんを学校でおあずかりしています」などと言ったりしますが，保護者は子どもの何をあ

ずけたのか，命までもあずけているのか，学校や教師は何をどれだけあずけられることを引き受けられるのか。学校安全はこういった根源的ともいえる大きな，重い課題をも提起することになっています。

学校の教師は本当に大変な仕事だと思っています。学校の教師は，まずお父さんやお母さんの役割に近い仕事をすることがあります。顔色が悪い，熱が出たといえばお医者さんです。授業の準備や教材研究をしているときは学者さん。事件や事故が起こればおまわりさん。子どもの前ではいつも元気で明るく振る舞うことのできる役者さん。そしてそうしたことができないときには，それこそ「さんざんな目」に遭ってしまうと教師たちは冗談まじりに嘆いてみせたりもするのです。

■新しい仕事としての学校安全

教師の仕事は，だんだん難しく，複雑で苦労の多いものになってきている，というのが私の率直な実感です。私は教員養成大学に長く勤めているのですが，昔は教師という仕事はすばらしい，やりがいのある仕事だから，がんばって教師になってくれと夢と希望をもたせて送り出してきました。しかしこのごろは，教師の仕事は簡単じゃないぞ，苦労や悩みがついてまわることも忘れるな，大丈夫だろうな，しっかり覚悟してめげず，へこたれずにがんばれよと言って送り出すことが多くなっています。学校安全は，これから学校と教師が本気になって引き受け取り組むべき仕事であることはいうまでもありません。それはぜひとも繰り返し強調しておきたいことです。しかしその一方で，学校安全に取り組むことは，決して簡単なことではないし，これまではなかった，新しい課題へのそれこそチャレンジ

> 教師の仕事は大変です。お父さんやお母さん，お医者さん，学者さん，おまわりさん，役者さん……。まさに七変化です。

です。はっきり言えば，それだけ学校と教師の仕事は増加することにもなります。それだけ責任が重くなっていくことにもなります。しかしそれは，押しつけられてする仕事としてではなく，新たに興味のもてるおもしろい仕事，生きがいと手応えのある仕事，そしてなによりも本来教師に求められている職業的な使命に対する大きな期待に応える仕事につながっているのです。

■いま，教師に何ができるか

いささか大上段に振りかぶって言えば，いま，わが国の教育には何の心配もないのかといえば，そうではありません。学校と教師に改善される問題がないかといえば，それもそうではないでしょう。教育改革や学校改善，新たな教師への期待や要望は，絶えず大きな社会問題ともされてきています。

そうしたなかで，一番大切にされるべきは，学校と教師が自らの仕事を問い直し，新しい課題を引き受け，切り拓きながら教育改革や学校改革の事実と実際をつくり出していくことです。それは，「いま，教師に何ができるのか」を，徹底して自らで問い直していくことです。なんでもかんでも引き受けるべきではありません。これについては学校と教師が責任をもって引き受けますが，それについては保護者が，地域が，教育行政が引き受けてください，と言わなければなりません。そして，自らの責任と権限を明確にしながら，そのうえで子どもの安全に関わる多くの人々と協力，連携していく必要があります。そうでなくては学校安全はとうてい実際のものとなっていかないのです。

そのためにこそ「いま，教師に何ができるか」を子どもの教育と安全に関わるすべての人が考え，問い返さなけれ

ばならないと私は考えています。じつは，この「いま，教師に何ができるか」という問いかけは，私がこの40年近くあれこれと教育や学校，教師の問題について考えてきたなかで，いつも私のもっとも深いところに置き，大切にしようとしてきた問いかけでもあるのです。

　それでは，「学校安全36のナラティブ」の幕引きとさせていただきます。おつきあいいただき，どうもありがとうございました。

イラストを担当してくれたのは，編者の研究室の卒業生の一人でキッズクラフトの赤座雅子さんでした。

あとがき

　本書「学校安全 36 のナラティブ」を編集していての大きな問題は「ナラティブとは？」ということでした。ナラティブ・アプローチ，ナラティブ・スタディといったものが，心理学や教育学，あるいはカウンセリング論などの分野で，新しい研究方法として最近注目されてきています。

　しかし，本書でのナラティブはそうした学問的研究の動向や成果を十分に踏まえて，ということになっていません。ただ，「ナラティブとは，一人称的な語りであり，自分の主観性や主張を大切にした自己反省的なストーリー性のある語り（お話）です。読者がさまざまに考え始めることのできる具体的なお話の提供ということで，楽しくご執筆ください」と執筆者にはお願いしてきました。

　こうしたとらえどころのない，いささか怪しげな依頼にもかかわらず，執筆にご協力いただいた方々には，感謝・感謝であります。そのなかには私の研究室の卒業生が何人かいます。「先生のパワハラまがいの論文指導を思い出しました」との声を聞きながらも，私としては昔に戻ったようで楽しい仕事となりました。

　最後に本書の企画，刊行に理解と協力をいただいた，教育出版㈱東京本社の阪口建吾さん，関西支社の朝倉加奈子さんには大変お世話になりました。記して感謝のお礼を申し上げます。

　　2013 年 4 月

（編者）長尾彰夫

執筆者一覧（執筆順）

長尾 彰夫	大阪教育大学学長
小林 忠三	元 佐久市立田口小学校校長
浜條 信彦	徳島市加茂名南小学校教諭
松井 典夫	大阪教育大学附属池田小学校教諭
若狭孝太郎	摂津市教育委員会事務局次世代育成部次長
神田 英幸	兵庫教育文化研究所副所長
前馬 晋策	前 摂津市教育委員会事務局次世代育成部次長・現 摂津市立鳥飼西小学校校長
丸山 涼子	元 寝屋川市立和光小学校校長
植木 美佳	箕面市立西小学校教諭
砂田 信夫	佛教大学教授
中井 尚人	明石市立野々池中学校教諭
佃　　繁	プール学院大学教授
松田 智子	奈良産業大学教授
伊原 正俊	パームコンサルティンググループ代表
藤田 大輔	大阪教育大学教授・学校危機メンタルサポートセンター長
諏訪 清二	兵庫県立舞子高等学校環境防災科科長
村川 雅弘	鳴門教育大学教授
立田 慶裕	国立教育政策研究所総括研究官

編者紹介

長尾彰夫（ながお あきお）
1946年生まれ　大阪教育大学学長
著書に『通信簿と教育評価』（有斐閣），『教育課程編成を学校づくりの核に』（明治図書），『学校文化への挑戦』（東信堂），『総合学習としての人権教育』（明治図書），『批判的教育学と公教育の再生』（明石書店），『総合学習をたのしむ』（アドバンテージサーバー）など。

ながお先生と考える 学校安全 36 のナラティブ

2013 年 6 月 21 日　初版第 1 刷発行

編　者　　長 尾 彰 夫

発行者　　小 林 一 光

発行所　　教育出版株式会社
　　　　　〒 101-0051　東京都千代田区神田神保町 2-10
　　　　　電話（03）3238-6965　振替 00190-1-107340

©A.Nagao 2013　　　　　　　　　　印刷　三美印刷
Printed in Japan　　　　　　　　　　製本　上島製本
落丁・乱丁本はお取替えいたします。
　　　　　IBSN 978-4-316-80387-6 C3037